ケアのある風景

医療法人徳洲会
介護老人保健施設
岸和田徳洲苑

四半世紀にわたって地域に寄り添い「住み慣れたまち」での暮らしを継続できるようにサポート

「生命だけは平等だ」を理念に掲げる徳洲会グループを母体とする、介護老人保健施設「岸和田徳洲苑」。“みんなが笑顔になる施設”をモットーとし、「いつまでも住み慣れた地域で暮らしたい」と願う入所者に寄り添いながら、在宅復帰を支援している。

撮影／木村哲也

同施設のモットーは、「みんなが笑顔になる施設」

老健フロアの食堂は、いつも和やかな雰囲気

ハード&ソフトの両面を整備し、在宅復帰に向けた意欲を促す

大阪府南西部の泉南地区に位置し、2022年に「市制100周年」を迎えた岸和田市。その昔、岸和田藩の城下町として栄えた名残りを残す街並みが印象的だ。その一方、「岸和田市」と聞いて真っ先に思い浮かぶのは、市の象徴でもある一大イベント「岸和田だんじり祭り」だろう。五穀豊穣や疫病退散を祈願する祭礼として300年以上の歴史を有し、その豪快なパフォーマンスは全国的にも有名だ。9月の開催日には毎年国内外から多くの見物客が訪れ、まち全体が活気に満ち溢れる。

そんな「城とだんじりのまち」として知られる同市内に、1998年に開設されたのが介護老人保健施設(以下、老健)「岸和田徳洲苑」(定員100人)だ。ここにはデイケア(定員60人)、訪問看護・介護事業所、居宅介護支援事業所、グループホーム(定員9人)が併設されており、介護保険制度が施行される前から長きにわたって地域の高齢者福祉を支え続けている。

運営母体の医療法人徳洲会は、全国に76病院を有する日本有数の医療法人グループ。1973年に第1号病院の徳田病院(現・松原徳洲会病院)を開設してから約半世紀、「生命だけは平等だ」の理念のもと、救急医療やへき地医療に重きを置いた「断らない医

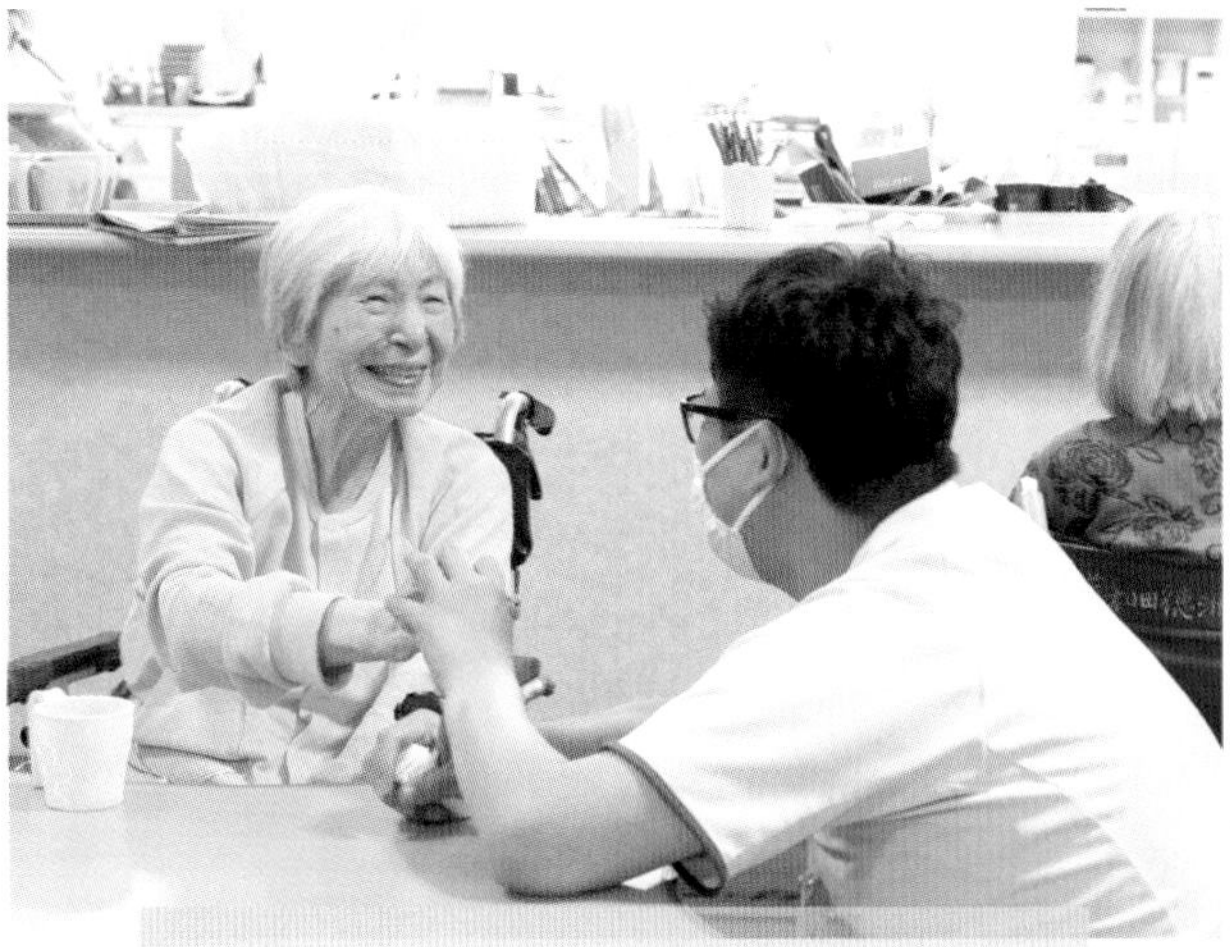

スタッフとのおしゃべりも日々の楽しみ

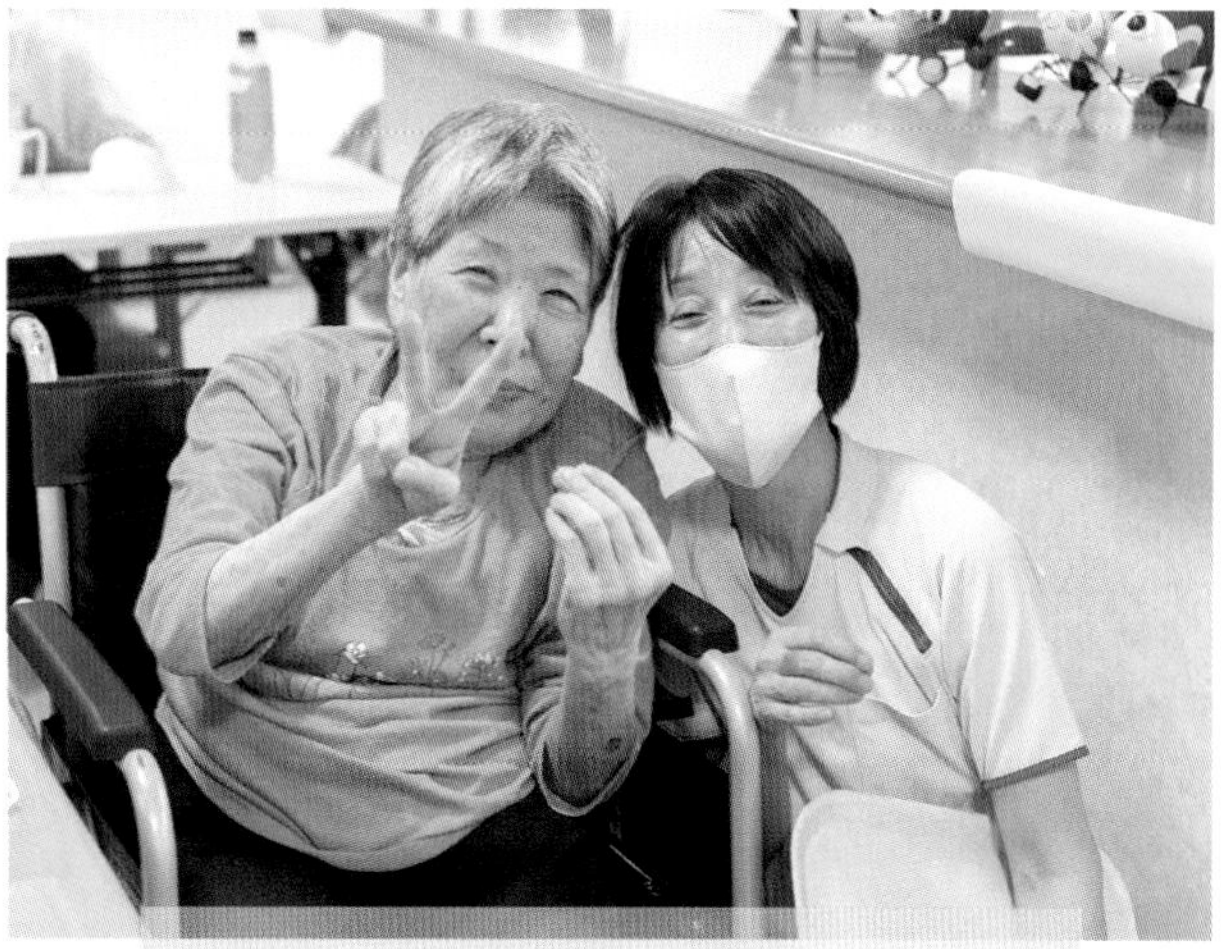

カメラを向けると笑顔でピース

ハイタッチで元気よくあいさつを交わす

スタッフは入所者の「できないこと」をサポートする

療」を展開してきた。こうしたなか、１９９６年から介護事業に参入、「医療・介護の連携」という安心あるシームレス・ケアの構築に乗り出した。

同グループが運営する介護施設・事業所は、いずれも各地の〝徳洲会病院〟に併設、もしくは近隣に配されている。同施設は岸和田徳洲会病院から車で約10分とアクセスは良好。退院後の患者の受け皿としてはもちろん、入所者の急変時にも迅速に対応できるなど、医療のバックアップにも万全を期している。

幹線道路から少し路地に入った、緑豊かな立地に佇む地上４階建ての同施設。26年前のオープン当初から現場に携わっている総看護師長の原田さとみさんに案内されて館内に入ってみると、エントランスの奥には最新のリハビリ機器が完備された機能訓練室と、デイケアの広々としたスペースが広がる。

機能訓練室では、老健の入所者やデイケアの利用者がセラピストの指導のもと、自身のＡＤＬ改善に向けて真剣な眼差しでリハビリに取り組んでいる。

２階・３階の老健のフロアで特筆すべきは、多床室（４床）がアクリルパーテーションで個室さながらに仕切られた設えだ。同施設は、厚生労働省が感染拡大防止対策に係る支援として打ち出した「多床室の個室化」を昨年９月に導入。原田さんは「当初は飛沫感染の予防が目的でしたが、入所者様のプライバシーの保護にもつながりました」と話す。

また、居室からは四季折々の風景も眺望でき、４階の一般浴室に設けられた温泉のようにゆったりとした浴槽も好評だ。このように館内の随所に、入所者のＱＯＬに配慮したハードが織り込まれている。

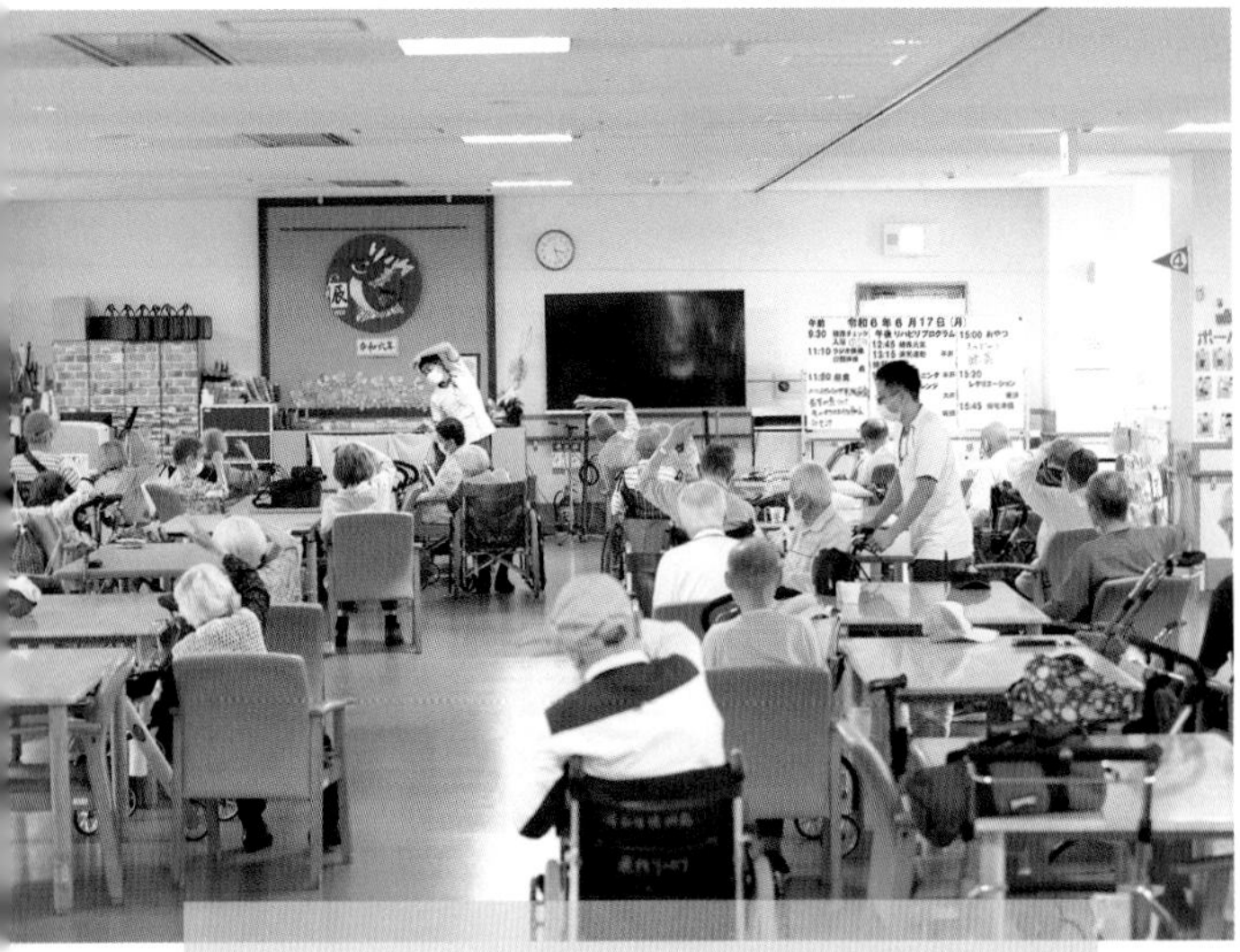

1階に設けられたデイケア

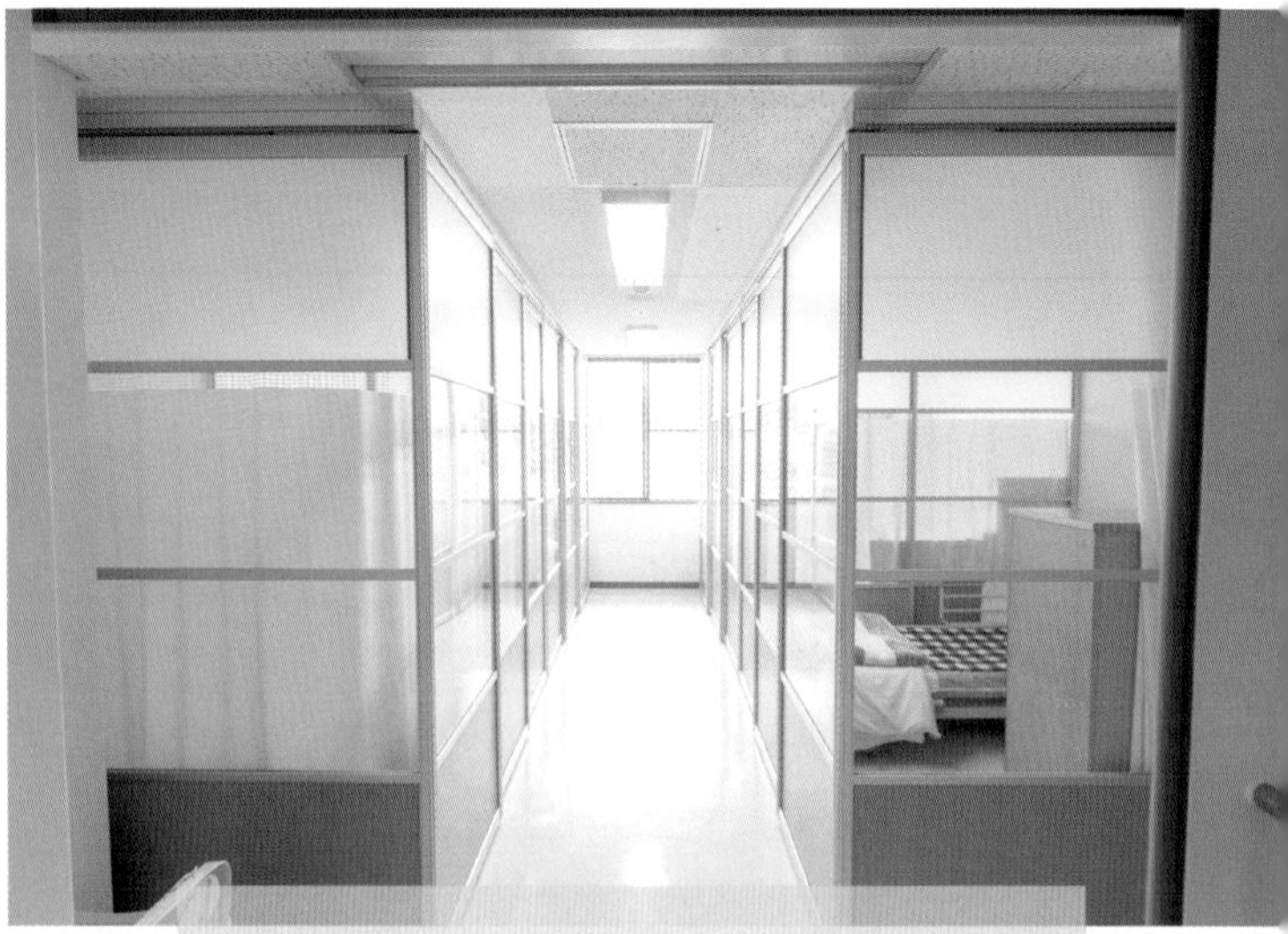

「多床室の個室化」で感染対策とプライバシーの保護を両立

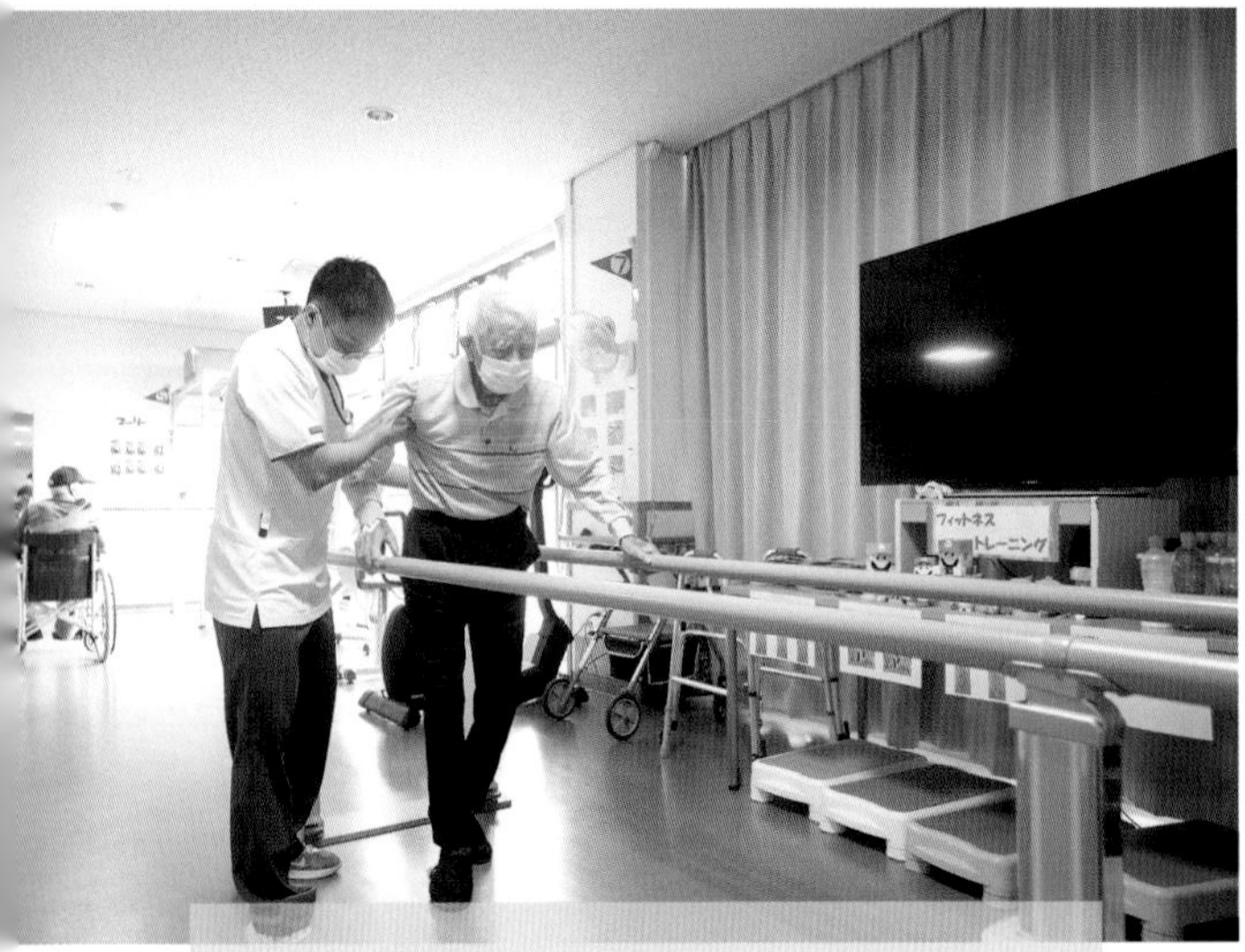

セラピストと共に機能訓練室でADL改善をめざす

居室の窓からは四季折々の風景が眺望できる

「岸和田徳洲苑」のスタッフの皆さん

広々とした温泉さながらの一般浴室

医療法人徳洲会
介護老人保健施設
岸和田徳洲苑

●大阪府岸和田市三田町142
TEL 072-441-5501
URL kishiwada-tokusyuuen.tokushukai.or.jp

岸和田徳洲会病院に程近い立地に、定員100人の介護老人保健施設として1998年に開設。デイケア（定員60人）、訪問看護・介護事業所、居宅介護支援事業所、グループホーム（定員9人）も併設され、安心ある医療・介護のシームレス・ケアを通じて、入所者の在宅復帰を支援している

施設長の中林淑郎さん（右）と総看護師長の原田さとみさん

若手スタッフの育成・定着も視野に ケアの質向上に 全員が一致団結

入所者の在宅復帰を目標に掲げる同施設では、機能訓練室でのリハビリだけでなく、日常における生活リハビリにも気を配っている。

「私たち現場スタッフは、入所者様の残存機能を見極め、〝できないこと〟だけに手を差し伸べるようにしています」と原田さん。その言葉どおり、同施設では入所者の在宅復帰後の生活を鑑み、本人や入所者家族にも理解を促したうえで過保護になりすぎない自立支援を心がけている。同施設では「みんなが笑顔になる施設」をモットーに掲げているが、常に入所者とスタッフの明るい笑顔が絶えないのも、こうした信頼関係の賜物だと言えるだろう。

現在、同施設には原田さんをはじめ在籍年数の長いスタッフが多く、比較的定着率は高い。このことから働きやすく風通しの良い職場環境であることがうかがえるが、その一方で「若手スタッフの育成・定着」といった新たな課題も生じているという。今後の若手スタッフの育成について、施設長の中林淑郎さんはこう話す。

「次世代の介護の担い手となる若手にとって、実践的な介護技術を習得することも大切ですが、人生の大先輩である入所者様の〝生きてきた証〟を敬うことのできる、家族のような心のつながりを忘れないでほしいですね」

同施設では、医療・介護・リハビリ・栄養などの専門分野を担うスタッフが相互連携しながら、入所者一人ひとりにきちんと向き合い、適切なケアの提供に努めている。

「コロナ禍ではクラスターや重症者の対応に追われ、スタッフも心身が疲弊するなど、本当に辛い日々が続きましたが、全員が一致団結して何とか乗り越えることができました。こうした経験からスタッフ間の絆もより深まったと思います」と原田さんは振り返る。

現在、同施設の稼働率は95％。安定経営を維持していくためにも、今後もスタッフの確保・育成に力を注ぎ、提供するケアの質の向上に努めていく方針だ。

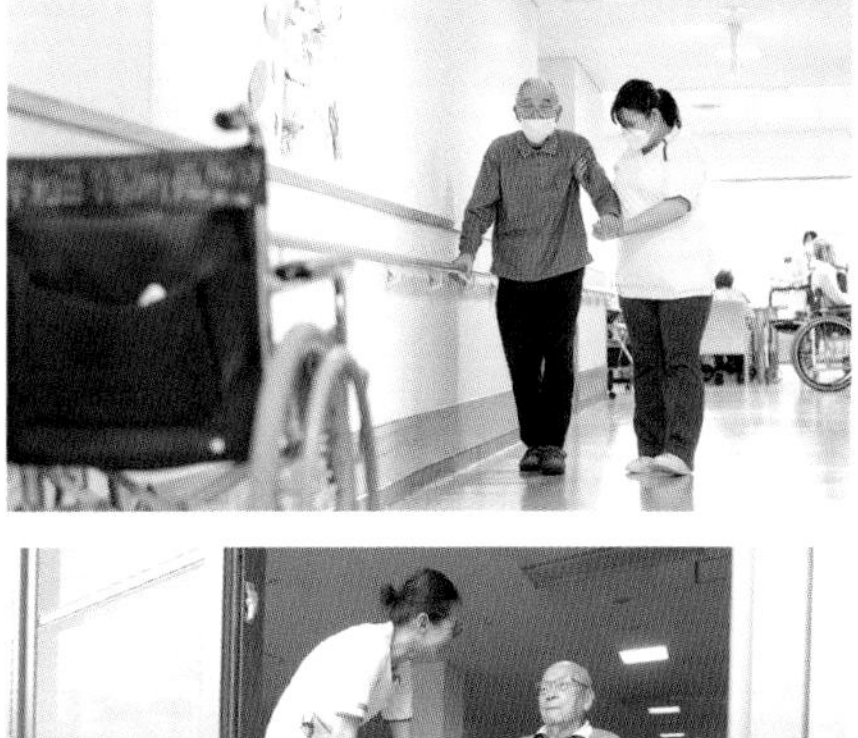

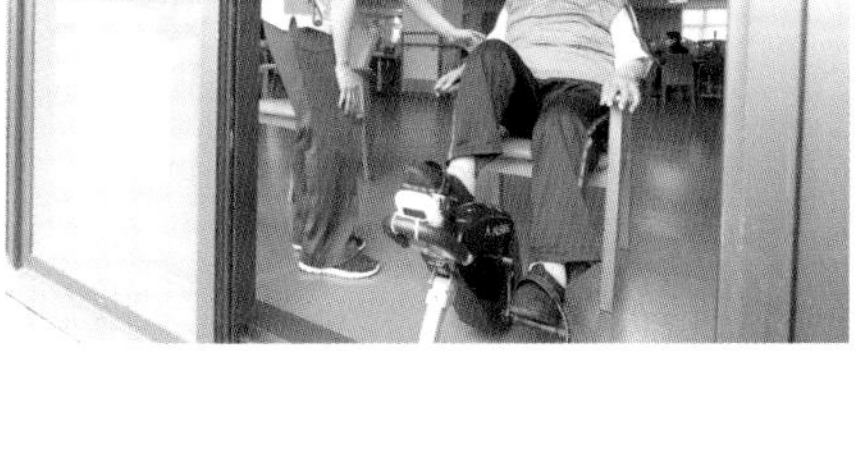
館内の至るところで、リハビリに励む入所者の姿が見受けられる

祐一郎

Sue Yuichiro

利用者が楽しくリハビリができるサービスを提供

――2003年に始めた「ドラッグストア併設型デイサービス」について教えてください。

当社は、千葉県を中心にドラッグストアや調剤薬局を展開する千葉薬品グループの一員として、地域に密着して人々の健康で豊かな生活をサポートしていきたいと考え、介護保険制度の開始に合わせて2000年に介護事業を開始しました。

現在、訪問介護22カ所、居宅介護支援16カ所、福祉用具5カ所、訪問看護1カ所、サ高住2カ所を展開し、幅広く高齢者のサポートをしています。そして2003年から始めたのがデイサービスとドラッグストアを併設した「ドラッグストア併設型デイサービス」で、今では千葉県・茨城県内で39カ所にまで拡大しています。

ドラッグストア併設型デイサービスは、ただ体操や運動をするのではなく、職員が付き添いでドラッグストアで買い物をしながら自由に店内を散策したり、商品を見て選んだり、お金を払ったりする「ショッピングリハビリ」を機能訓練の一環として実施しています。

日用品を買うご利用者のなかには、お米やトイレットペーパーなどの重いものやかさばるものを運ぶことに困っている方が多かったことから、職員が買い物の手伝いもしています。

そのほかに、薬剤師による健康面や薬に関する相談や管理栄養士による健康チェックや疾病予防、生活習慣病の早期改善予防支援を実施しています。

健康や薬に関する相談以外にも介護についての悩みや相談事を受けることもあり、ご利用者一人ひとりと常に向き合っています。

デイサービスの管理者とご利用者の薬剤変更の情報共有ができたり職員以外とのコミュニケーションがとれる機会がつくれたりなど、ご利用者に刺激を与えることができご利用者やご家族からは「気軽に利用できる」と好評を得ています。

今後も、地域に密着しながら千葉県以外にも広めていきたいと考えています。

――昨年、社長に就任されました。

私は、高齢者とかかわる仕事に就きたいと思い、2006年に介護職員として当社に入社し、デイサービスでの勤務を始めました。そして2023年に社長に就任しました。

就任当時は業績があまり良くない状態だったため、業績を回復させるのと今回の報酬改定に向けた準備に精一杯取り組んできた1年でした。現在は業績も安定し、ここからが本当の踏ん張りどころだと思って

自分らしく生きる毎日をサポート
身近で頼れる存在でありたい

Top Interview

株式会社ヤックスケアサービス
代表取締役社長

末

2006年に株式会社ヤックスケアサービスに介護職員として入社し、2023年に取締役社長に就任。現在は、現場での経験を活かして業務効率化を図った介護DXにも取り組んでいる

います。

社内や現場の雰囲気については、歴代の社長と比べて年齢が若いということもあり、会社全体が若返り、活発になったという印象をもっています。現場の雰囲気も明るくなり、職員同士が思ったことを互いに言い合える関係を築けています。以前よりも距離感が近く、コミュニケーションを取りやすい環境になったため、より風通しの良い雰囲気に変わってきていると思います。

利用者との時間を増やすために職員の業務の効率化を図る

――介護DXにも積極的に取り組まれていると聞きました。

介護現場を経験してきた身として、業務の効率化を図りご利用者と向き合う時間を少しでも増やしたいと思ったのがきっかけです。

それまでは、ご利用者と接する時間を増やしたいと思うあまり、事務作業を後回しにしてしまい、結果的に夜遅くまで職場にいる職員も少なくありませんでした。

こうした状況から、契約書やシフトの作成、書類管理などの事務作業の効率化を進めることにも力を入れています。

無駄な時間を省き、ご利用者に寄り添う時間を増やすとともに、すべての職員が働きやすい環境を整えることで、離職防止やモチベーションアップにつながると思います。

――今後の展望や課題についてお聞かせください。

今後は人材育成に、より注力していくつもりです。ケアマネジャーや介護福祉士、実務者研修、福祉用具専門相談員などの資格取得支援や接遇、職業倫理の研修に積極的に取り組み、キャリアアップやスキル向上を支援していきたいです。

地域に貢献できる会社にすることを、一番にめざしています。当社のドラッグストア併設のデイサービスを多くの人に知ってもらい、「困ったときはヤックスのサービスを利用する」という流れをつくっていければと考えています。

今後も、地域に寄り添い、地元の人たちに愛される介護サービスを提供し続けていきたいです。

株式会社ヤックスケアサービス

1972年に設立。ドラッグストアと併設したデイサービスを千葉県中心に展開している。それ以外に訪問介護や居宅介護支援、福祉用具のサービスも提供。介護DXの取り組みも始め、職員の業務効率化を図りご利用者と接する時間を増やす体制づくりをめざしている

●千葉県千葉市中央区問屋町1-35 ポートサイドタワー28階
TEL 043-248-0810
URL care-yacs.co.jp/

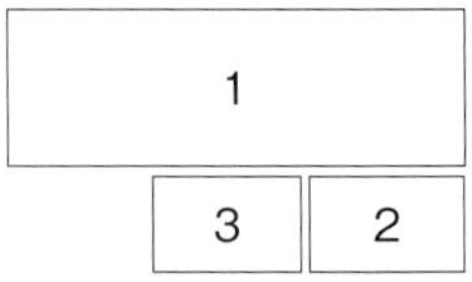

①最新技術により、時間がかかっていたFAX送信業務を自動化。②③Sapon AIが仕分け、送付状の作成も自動で行う。誤送信が防げて、安心できる

煩わしいサービス提供票・実績の送付作業時間を大幅短縮

「在宅介護の地域連携をシームレスに」を合言葉に面倒なFAXでの連絡を自動化する「Sapon」。提供票や実績をミスなく短時間で送れる、と好評だ。

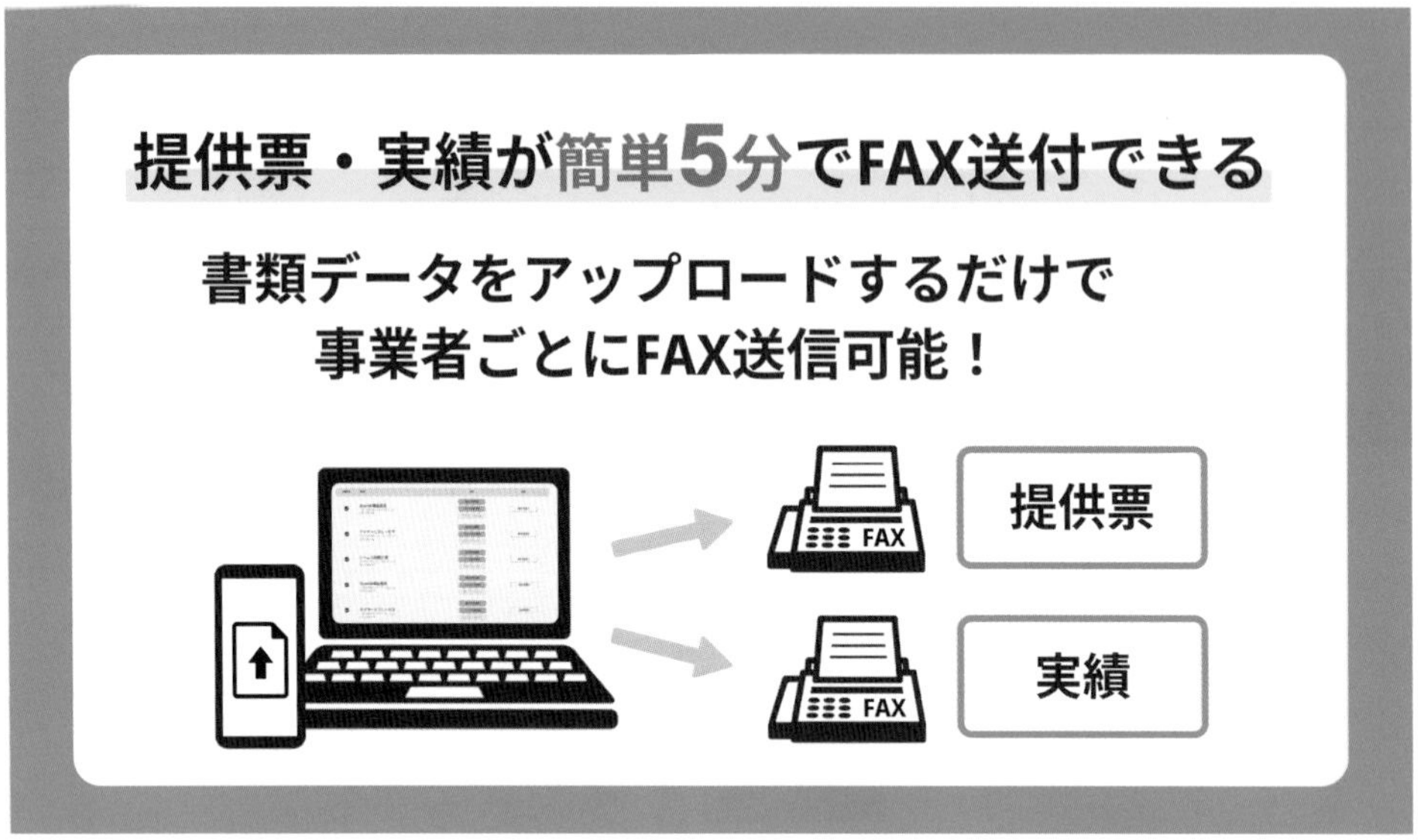

Data

株式会社Seamth
●神奈川県川崎市
宮前区土橋 3-23-62
URL seamth.com/
問い合わせはこちら➡

Fax

送信先：Seamth訪問看護ステーション
ご担当者 様

送信元：Seamth
担当者：大谷 太佑
電話： 0344001712
Fax： 0368520239

いつもお世話になっております。
実績をお送りします。
ご確認の程、よろしくお願いいたします。

業務の効率化とともに送信ミス削減も実現

在宅介護にかかわる事業者の手を煩わせているサービス提供票・実績記録票の送信業務。宛先ごとの仕分けが大変で、ＦＡＸ送信に時間を要し、担当者は毎月この作業に４～10時間をかけている。それを５分程度に短縮するのが株式会社Seamthの提供するサービス「Sapon」。面倒な作業をＡＩとインターネットＦＡＸの技術で丸ごと代行する。

送付状は宛先ごとに自動で作成し、仕分けはＡＩが自動で行う。厚生労働省の介護事業所情報公開システムを参考にアドレス帳を作成しているため、宛先入力の手間がなくなる。送信ボタンをワンクリックするだけで、全事業所にＦＡＸを一括送信（送付状もＡＩが自動で作成）する。

導入した事業者からは「月に約４００枚の提供票を送るが、誤送信がなくなり、５分で送信を終えられるのは画期的」と好評。価格も月額基本料３３００円（税・通信料別）とリーズナブルだ。

1

2

①施設内にスマートフォンを使って、カメラと映像・音声機能で事故の発生を検知する。②事故の発生確率をAIが計算し、予測情報を職員のスマートフォンに通知する

AI技術で 施設内の介護事故を検知

介護現場ではいまだに事故の発生が続いている。
この現状を変えるため、株式会社シーディーアイは
AIを活用し事故発生を検知・予測するサービスを開始した。

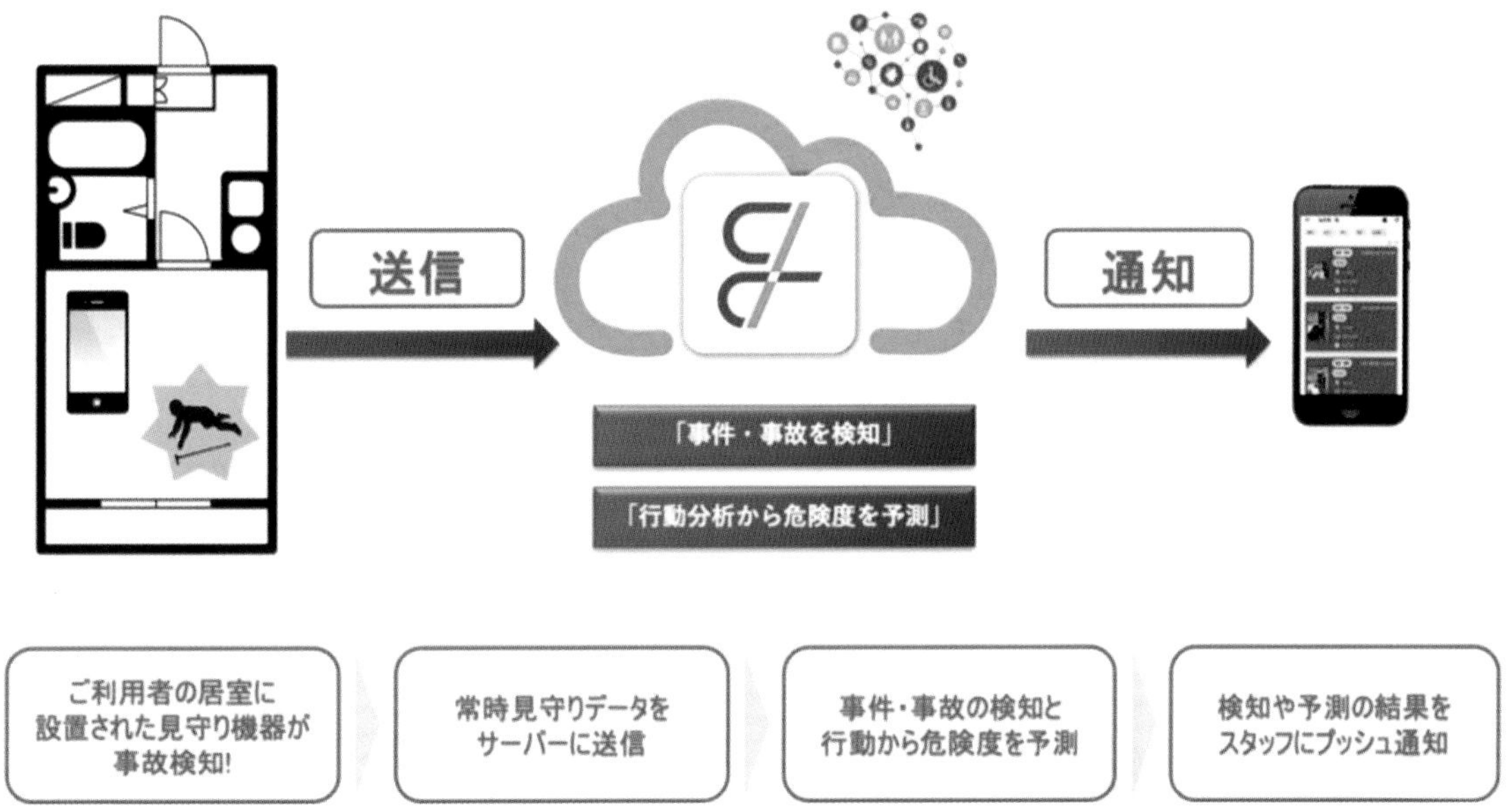
送信
通知
「事件・事故を検知」
「行動分析から危険度を予測」
ご利用者の居室に設置された見守り機器が事故検知!
常時見守りデータをサーバーに送信
事件・事故の検知と行動から危険度を予測
検知や予測の結果をスタッフにプッシュ通知

Data

株式会社シーディーアイ
●東京都中央区京橋 3-1-1　東京スクエアガーデン 14 階
TEL 050-5491-7123
URL www.cd-inc.co.jp

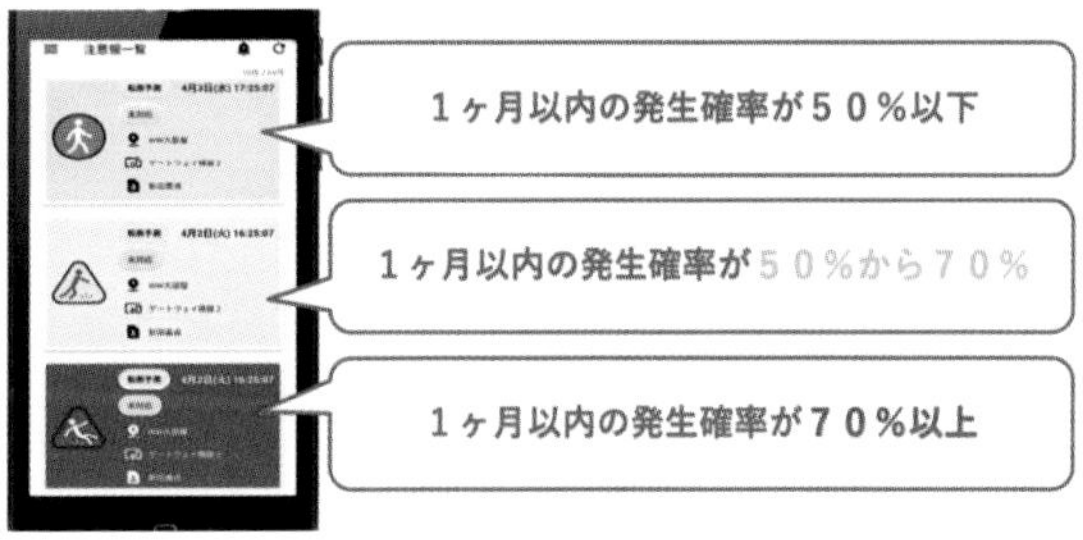
1ヶ月以内の発生確率が５０％以下
1ヶ月以内の発生確率が５０％から７０％
1ヶ月以内の発生確率が７０％以上

利用者の行動をデータ化し 今後の事故発生を減らす

慢性的な人材不足で人員配置による事故防止が困難なことに加え、厳しい労働環境にあるため、職員による虐待や利用者から職員へのハラスメントなどが起きやすい状況にある介護現場。これらを防止するため、AIを通じた介護サービスを提供する株式会社シーディーアイは今年6月、介護施設に向けて事故の検知や発生のリスクを予測する「SOIN-G（そわんガルデ）」の販売を開始した。

利用者の転倒や転落などの事故が発生した場合、同サービスを導入したスマートフォンを通じて、AIカメラ機能や映像・音声機能で検知する。

また、「転倒・転落・離室・虐待」の4つに分類してデータを収集し、今後1カ月以内の事故発生の確率をAIで予測し、職員のスマートフォンに予測情報を通知する機能も利用できる。

予測情報は、テキストに加え発生確率を赤・黄・青の3色で表して知らせてくれる。

簡単な体操で全身が“整う”

「パイプくんツイスター」

Pick Up
介護のミカタ

理学療法士の発案で生まれた手軽で楽しくできる健康器具

1971 年の創業以来、自動車のパイプ部品やろう付け部品の加工を手がけてきた平成工業株式会社が開発した「パイプくんツイスター」。手ごろに使え、高齢者施設でのレクリエーションや健康維持などに役立つ器具として、その利用シーンはいろいろな場に広がりそうだ。

▲呼吸(特に横隔膜の動き)を意識しながら、いろいろな動作を行う。付属のストラップに腕を通せば、手が放れても落ちることなく安心

パイプ加工の技術に専門家の知見を活かす

「パイプくんツイスター」はその名の通り、同社が長年培ってきたパイプ加工技術を活かした商品。自動車用部品とは畑違いのアイテムだが、同社が健康経営を推進するなか、理学療法士の発案をもとに生まれたという。

「当社も経済産業省の健康経営優良法人の認定を受けるべく、2年前から本格的に取り組みを始めました。会社として健康に対する意識を高めているところ、ご縁があって知り合った理学療法士の方から、こうした健康器具のアイデアをいただいたのがきっかけです」と、代表取締役の長坂充俊さんは話す。

将来、EVシフトにより自動車部品のニーズが減っていくことへの危機感にコロナ禍も重なり、異なる分野の商品開発に乗り出した。多くの人の健康づくりに役立ちたいという思いも強かったという。

「パイプ加工には当社の技術が使えます。大体のイメージはすぐに

［問い合わせ先］

平成工業株式会社

●愛知県刈谷市小垣江町北諸峻26-4
URL www.heiseikogyo.co.jp/
問い合わせは
こちら→

▶まずは体験会を実施し、認知度を高めていきたいという

▲動画で視聴できる「パイプくん体操」（視聴は購買者限定）

▶代表取締役の長坂充俊さん

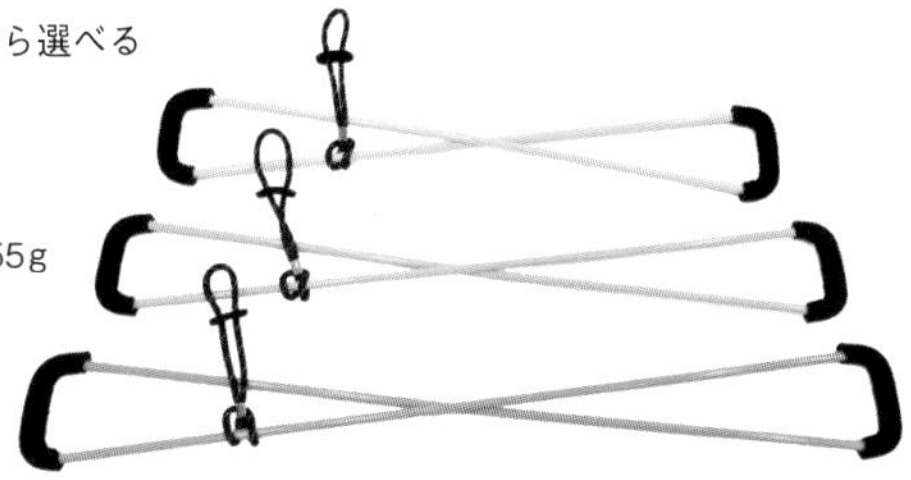

▶体格や運動負荷に合わせて3サイズから選べる（幅はいずれも10㎝）。
▽Sサイズ：黄色、長さ70㎝、重さ450g
▽Mサイズ：青色、長さ80㎝、重さ500g
▽Lサイズ：ピンク色、長さ90㎝、重さ555g

湧き、理学療法士と意見交換しながら商品開発を進めました」

本体のパイプは自動車部品向けと同じものを使用しており、耐久性は破壊試験で実証済み。商品の長さや手の握りの幅、握りやすさなどについては、義肢装具士の意見を取り入れている。持ち手（グリップ）には耐久性、耐オゾン性、耐薬品性、耐熱性などに優れた衝撃吸収材ネオプレコンゴムを採用し、義肢装具士が一つひとつ丁寧に仕上げており、安全性にも十分な配慮がなされている。

「引く」だけでなく「押す」動きも無理なく実現

同商品は、パイプが8の字にクロスした形になっている。これにより耐荷重性が増し、従来の同種商品と異なり、「引く」だけでなく「押す」運動を実現できるのも特徴のひとつ。

「握りやすく、力を入れやすい形状になっていることもあり、〝押す〟運動も無理なくできます。先日の体験会でも、この点を評価する声をいただきました」

効果的に使ってもらえるよう、開発のきっかけとなった理学療法士の監修による運動プログラム「パイプくん体操」の動画も制作した。今のところ購入者限定で視聴できるものだが、使用前の準備から呼吸法をまじえた基本体操、身体のどの部分を意識するかなどがわかりやすく解説されている。

満遍なくいろいろな動作を行うことで、▽呼吸が楽になる、▽身体が軽くなる、▽体幹が安定し、動きがスムーズになる、▽バランスが良くなる、▽関節等の痛みが緩和されるなどの効果が期待できるという。

一般の人に健康増進やトレーニングの一環として利用してもらうのはもちろん、介護現場においては軽度者の健康維持やレクリエーション用として使ってもらうことを考えている。介護施設では、購入のみならずレンタルでの利用も可能だ。

「場所も取らず、そばに置いておけばすぐに使えます。まずは一度手に取っていただき、効果や使い勝手を実感してもらえればと思います」と長坂さんは力を込めて語る。

LPガス災害対応バルク

補助金を活用し設備を更新 災害対応力を強化し、地域に貢献

災害等により電気、ガスがストップした際のバックアップとして力を発揮する「LPガス災害対応バルク」。社会福祉法人さくら福祉会介護老人福祉施設チェリーヴィラ広見苑（岐阜県可児市）では昨年、老朽化に伴い施設を一新。BCP訓練として実際に稼働させてみたことでその効果を改めて実感し、職員の安心感にもつながっている。

（撮影／森田直希）

▲敷地内に設置したLPガス災害対応バルク

※設備概要：バルク（2,900kg）1基、非常用発電機（54KvA）1台、GHP（室外機14台、室内機101台）

医療ニーズに対応するため 非常時の電力確保は必須

岐阜県中南部に位置する可児市は名古屋のベッドタウンとして発展し、人口は約10万人。北端部には日本ラインとして名高い木曽川が流れる、自然豊かなまちである。

その中心部に2004年に開設されたチェリーヴィラ広見苑は、全室ユニット型個室（80床）の施設。透析患者の受け入れを行うなど、医療ニーズのある利用者や家族にとって心強く、安心できる施設として知られる。

「すぐ隣に協力病院の東可児病院があり、24時間医療介護連携が取れるようになっています。その理事長は当法人の理事長を兼任しており、月4回の往診も行ってもらうなど、素早い医療対応ができる体制が整っています」と、施設長の玉置一也さんは話す。

重度者はもちろん在宅酸素療法や喀痰吸引を必要とする利用者も多いだけに、自然災害により電気やガスが途絶え医療機器が使えないなどの事態に陥ると、生命の危機に直面する。そのため同施設では開設時からLPガスヒートポンプによる空調（GHP）を使用してきたが、昨年1月、LPガス災害対応バルクと非常用発電機、GHPの設備を一新した。※

「約20年が経過し、空調設備が老朽化し修理部品の交換も困難になってきたこともあり、更新の必要性を感じていました。理事長が協力病院で一足先に空調を入れ替え、その際に補助金を受けた経験もあったので、更新は比較的スムーズに運びました」

補助金（経済産業省・LPガス災害バルク等導入補助事業）を活用できたことは大きかったという。「総工費約1億円のうち4200万円は補助金で賄えました。もとの配管をそのまま利用できたので、必要最低限の費用で設備の更新ができました」

昨今の電気料金の高騰を考えると、GHPからGHPへの更新でさほど料金の削減効果は出ないと思っていたが、性能が上がったことで総合効率が向上し、空調にかかる電気代を年間84万円も削減ができたそうだ。

お問い合わせ先

一般社団法人全国LPガス協会
〒105-0004　東京都港区新橋1-18-6　共栄火災ビル7F
TEL：03-3593-3500　**Email**：hoangyoumu@japanlpg.or.jp
URL：www.japanlpg.or.jp/

日本LPガス協会
〒105-0001　東京都港区虎ノ門1-14-1　郵政福祉琴平ビル4F
TEL：03-3503-5741　**Email**：info@j-lpgas.gr.jp
URL：www.j-lpgas.gr.jp/

太陽光発電も併用し より安心な施設をめざす

新設備により停電時でもガスで発電し、災害の発生から3日間（72時間）は空調と給水ポンプ、各階の非常用コンセントに電気を供給することができるようになった。それに加え、循環ポンプ作動による「水の確保」ができるようになることも大きいと、玉置さんは強調する。「飲料水の確保はもちろん、感染症対策の点で、トイレの排水ができるのは本当に助かります」

▲施設長の玉置一也さん

同施設では、LPガス災害対応バルクのほか、屋上に太陽光蓄電システムも設置し、使用する1～2割程度の電力を賄っている。電力が止まっても館内共有部の照明や事務所の通信機器等に使用できるようにすることで、より災害に強い施設の実現に取り組んでいる。

実際に稼働させて BCPの実効性を確認

今年度からBCP（事業継続計画）策定が義務化され、感染症拡大・自然災害発生時の事業継続や迅速な復旧計画が求められるようになった。

同施設ではすでにBCPは策定済みだったが、実際に機能するか心配もあったという。そんな折、1月に能登半島地震が発生し、DWAT（災害派遣福祉チーム）で防災委員長を現地へ応援派遣した。現地で生活インフラである電力やガスが途絶え、生活に影響している姿を目の当たりにした経験がBCPの実効性を確認するうえで、いろいろな気づきが得られたそうだ。

「停電しても本当にLPガス災害対応バルクが機能するか、2月に実際に電源を落として訓練しました。そこで問題なく稼働することが確認でき、職員の安心感、自信にもつながりました。非常用発電機の音が思ったより静かだったことも新たな発見でした」

同施設では、災害が起こったときに施設の共用部を避難所として利用できるよう、長年にわたり市と提携を結んできたが、今回の自家発電施設とGHPのリニューアルにより、地域の避難所としての機能を一層充実させることになった。災害に強い施設として地域住民も支援できることが、職員のさらなるやりがいにつながっている。

▶LPガスを燃料とする非常用発電機（上）とGHP設備（下）を屋上に設置

▲各階にある非常用コンセントから停電時でも電気の使用が可能

施設概要

社会福祉法人さくら福祉会
介護老人福祉施設
チェリーヴィラ広見苑

●岐阜県可児市広見1362
TEL 0574-61-2215
URL cherryvilla.or.jp/

一般社団法人
日本介護福祉経営人材教育協会

第9回

私たちだから伝えられることがある

「介護福祉のみらい」作文コンクール

一人ひとりの想いが、介護福祉の新たな未来を創ります。
これからの社会を担うみなさんの声を届けてください。

【募集期間】
2024年 6月3日(月)～9月9日(月)

【対象】
★中学生
★高校生

作品
募集中!

©KOPPA.adobe.com

【お問い合わせ・お送り先】
一般社団法人 日本介護福祉経営人材教育協会「『介護福祉のみらい』作文コンクール」事務局
〒104-0032　東京都中央区八丁堀3-20-5　S-GATE八丁堀 9階
メールアドレス：kaigo_sakubun2024@nkfk.jp
TEL.03-3553-2896（平日のみ　10:00～12:00、14:00～17:00）

「介護福祉のみらい」作文コンクール　検索

応募要項

【趣　　旨】	将来を担う中学生、高校生が介護や福祉の大切さを知り、未来について考え発表する機会とします。
【募集期間】	**2024年6月3日（月）～9月9日（月）**※郵送の場合は必着
【応募資格】	**中学生、高校生の方**
【 テ ー マ 】	以下のテーマ（課題）の中から好きなものを一つ選んで、あなたが感じること、考えることを自由に書いてください。 中学生の部・高校生の部 ・介護や福祉に関する実体験等を通して感じたこと、考えたこと ・自分の老後を想像して考えたこと ・これからの介護や福祉に関する私の意見
【応募方法】	・1,200字以内（原稿用紙、ワープロ原稿、縦書き、横書き、いずれも可。書式自由） ・原稿用紙は、できるだけホチキス止めせずにお送りください。 ・原稿用紙の空白部分に学校名・氏名・ページ番号を記載してください（全ページに記載をお願いします）。 ・必要事項を記入の上、以下のいずれかの方法でお申し込みください。送付先は最下段に記載しています。 1. 郵送　2. メール送信（wordファイル添付）　※メールの場合、件名は「作文コンクール」と記載してください。 ※学校単位での応募については、Webサイト（http://www.nkfk.jp/sakubun2024）から「応募生徒名簿」（エクセル）をダウンロードし、作品とともにお送りください（作品を郵送しない場合はメールのみ）。
【必要事項】	①郵便番号・住所　②氏名・ふりがな　③学校名・学部・学科・学年　④電話番号　⑤メールアドレス　⑥作品タイトル ※学校単位で応募の場合、個人の①、④、⑤は不要です。
【 表 彰 】	**最優秀賞／優秀賞 、他［賞状］** それぞれ「中学生の部」「高校生の部」を表彰。いずれも若干名とする。 受賞者には所属する学校において賞状の授与を行います。
【 審 査 】	日本介護福祉経営人材教育協会の指定する審査員（審査委員長：黒澤貞夫・日本生活支援学会会長／浦和大学名誉教授）により各賞を決定。
【 発 表 】	11月上旬に日本介護福祉経営人材教育協会ホームページで発表。ならびに報道各社にプレスリリースを配信予定。
【注意事項】	応募は日本語で書かれた作品に限ります。 応募は一人1点に限ります。応募は個人のオリジナルで、未発表の作品に限ります。 応募作品は理由を問わず返却しません。入賞作品の著作権、版権は主催者に帰属します。 コンクールに応募された個人の氏名、学校名、学年などは、日本介護福祉経営人材教育協会の刊行物・ホームページなどで公表することがあります。 コンクールに関連したニュースリリースの配信、およびニュースリリースのホームページ掲載により、メディア等にコンクールに応募された個人の氏名、学校名、学年などが掲載されることがあります。 入賞作品は、日本介護福祉経営人材教育協会の刊行物、ホームページ、ニュースリリースなどに掲載されることがあります。
【 主 催 】	一般社団法人 **日本介護福祉経営人材教育協会**

【お問い合わせ・お送り先】一般社団法人 **日本介護福祉経営人材教育協会**　**「『介護福祉のみらい』作文コンクール」事務局**
〒104-0032　東京都中央区八丁堀3-20-5　S-GATE八丁堀 9階
メールアドレス：kaigo_sakubun2024@nkfk.jp
TEL.03-3553-2896（平日のみ　10：00～12：00、14：00～17：00）

撮影場所／
医療法人徳洲会
介護老人保健施設岸和田徳洲苑

今月の表紙

「だんじり祭り」で培ったスピリッツで日々のリハビリにも前向きに挑む

ここは大阪府の南西部に位置する岸和田市。

躍動感溢れる祭礼として知られる、

「岸和田だんじり祭り」のお膝元だ。

「岸和田徳洲苑」では、〝みんなが笑顔になる施設〟をモットーに
入所者の在宅復帰を支え続けている。

この日もスタッフに見守られながら、
歩行訓練を終えた1人の入所者に施設長が笑顔で声をかけた。

「調子はどうですか？」

すると、その入所者も笑顔で応える。

「ちゃんと歩けるように明日もがんばるわ！」


今年も「岸和田だんじり祭り」の日が近づいてきた。

どんなに年齢を重ねても、気持ちはあの頃と変わらない。

地域介護経営

介護ビジョン

Care Vision

8

2024
August
No.254

Contents

第1特集

学校関係者の直言

こうすれば人は辞めない！

若者が定着する職場

新卒採用が難しいのはわかっているが、事業の今後を考えると、若手人材の確保は欠かせない。若者はどのような職場に惹かれ、長く勤めたいと考えているのか。将来を担う人材を育て・送り出す学校関係者から、意見・提言・注文を聞いた。

（取材・文／松浦美紀）

© japolia - stock.adobe.com

contents

01

interview

学校法人北工学園
旭川福祉専門学校

多様な価値観を尊重し地域でも共有することで人材は定着する

町が一体となって留学生を受け入れ、のびのびとした環境で〝介護の心〟を重視した教育を行う旭川福祉専門学校。黒田英敏副校長は、施設・事業所のみならず、さまざまな価値観を地域で受容することの必要性を訴える。

地域や自然に飛び込み人間力を養う授業を実施

本校は〝天を敬い人を愛す〟という意味の「敬天愛人」を建学の精神とし、当たり前のことを徹底する「凡事徹底」を日々の教えとして人材を育成しています。地元の建設会社社長だった創設者は、職人としての哲学を福祉の現場でも発揮することを大切にしてきました。

この理念を実現するため、通常カリキュラムの授業以外に、高齢者施設を訪問しての交流機会の創出、併設する牧場での馬の世話を通じた命の学び、北海道最高峰の旭岳登山などを通じ、人間力を高める授業を重視している点が特徴です。これらは介護の知識や技術と直接関係のあるものではありませんが、いつか仕事で必ず役に立つ貴重な財産になると考えています。

こうした学びは、学科の半数を占める外国人留学生に対しても変わることはありません。東川町では国際交流を意欲的に推進してきたことから、本校でも2014年に日本語学科を開設。1年後には、近隣に全国初となる公立の日本語学校も開校し、そこを卒業した留学生が当校の介護福祉科へ進学して介護福祉士資格を取得するという流れを確立しています。

教育の内容は日本人の学生と変わることはないものの、とりわけ意識しているのは、価値観を尊重することです。ネパールやインドネシア、ベトナムなどさまざまな国から来た学生たちですから、歴史的背景も文化的背景も何から何までが違います。思い描く働き方もそれぞれですが、私としては、日本の介護の良さを取り入れつつ、自分たちの国らしい介護を担う人材になってほしいと思っています。

多様な働き方、キャリア形成を後押ししてほしい

施設・事業所への要望としては、働く人材の価値観に理解を示してほしいということです。特に外国人の卒業生たちにとっては、母国に一時帰国できる体制があるかどうかは大きな問題です。

日本人の卒業生と同様、就職したら1、2年はがむしゃらに働く時期でもあり、そう簡単に有給休暇などを取得できるかどうかわからないことは伝えています。しかし3年目ともなれば、一度帰国して家族の顔を見たいと思うのは当然のことではないでしょうか。それが難しければ職場を辞めるしか選択肢はなく、定着は望めません。外国人を単なる労働力として見ているのか、一人の大切な職員として見ているのかが問われるところなのかもしれません。

介護福祉士として将来をどう描く

かについても、各々の人生プランに沿った形でキャリアを考え、積んでいってほしいと思っています。結婚や引っ越し、出産、親の介護などライフステージに沿った柔軟な働き方を実現することが、ある意味で〝キャリア形成〟といえるかもしれません。施設・事業所には、そうした多様な働き方をぜひ後押ししていただきたいところです。

旭川福祉専門学校
副校長
黒田英敏
Hidetoshi Kuroda

学校法人北工学園
旭川福祉専門学校
●北海道上川郡東川町進化台
HP www.hokko.ac.jp/kyokufuku/
1975年、建設会社が建設系の技術者を養成するために開設。1992年に地域貢献を目的とし、介護福祉士養成校として指定を受ける。介護福祉科は定員80人。そのほか、こども学科、医薬福祉学科、日本語学科を有する。前北海道副知事の磯田憲一氏が理事長を務めるほか、東川町の松岡市郎前町長を企画コーディネーターに迎え、町ぐるみの介護人材育成の挑戦を続ける

また、待遇や給与面以上に重要なのは、やはり人とのつながりだと考えています。周囲の人々の理解があってはじめて、働くうえでの安心感が生まれます。職員や利用者さんとの関わりだけでなく、役所やスーパーの店員さんなど地域住民とのつながりも同様です。

私たちは養成校として、卒業後の関わりをより一層大切にしていきたいと考えています。学校もひとつの〝ふるさと〟です。特に周囲に頼れる人がいない外国人にとって、居心地の良い場所があることは、日本で働き続けられるかどうかの重要な分かれ道です。

人材育成も含め 介護は地域ぐるみで行う

東川町では、2018年に外国人の介護人材を育てるため、周辺の自治体と連携し、留学生に奨学金を支給する「外国人介護福祉人材育成支援協議会」を設立しています。2023年には、地域おこし協力隊を活用した福祉人材育成事業もスタートさせました。地域協力活動をしながら、本校で介護福祉士や保育士の資格取得の勉強ができ、学費はすべて町が負担する仕組みです。

公費を使って介護人材を育てるための対策を講じるのは、地域として存続する策にもなり得るという発想です。卒業生と施設・事業所間でトラブルが発生したとしても、行政が介入することになるため、一つの安心材料にもなります。これは大きなメリットです。

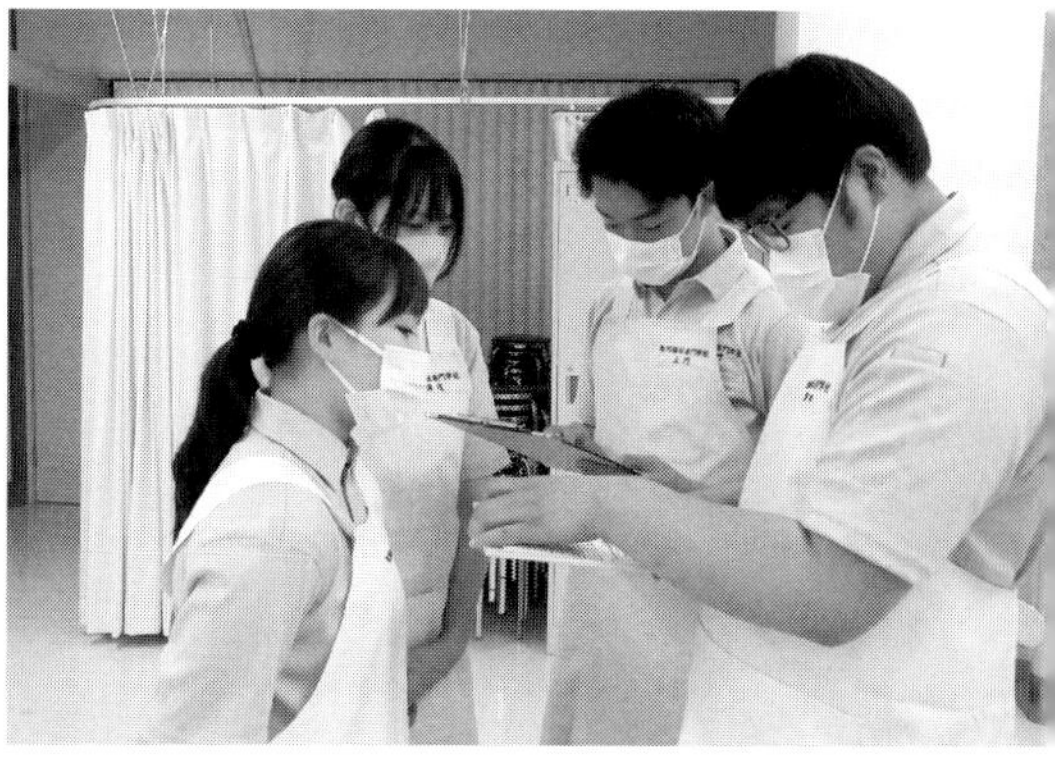
オープンキャンパスにおいて、授業内容の復習を行う学生たち

さまざまな施策を打っても、学生確保は容易くいかないのが現状です。そうしたなかでも、今も上川地方のグループホームに定着して働き、母国の婚約者を呼び寄せて結婚、子供も生まれて一軒家に住んでいる卒業生、消防団に入って仕事以外の関わりも育んでいる卒業生など、地域に馴染んでいる様子を聞くと嬉しくなります。

家族の形が変容するにつれ、介護はやはり地域で担うものだと感じています。

養成校、施設・事業所、行政が一緒になって日本型介護の実現を模索し、取り組んでいければと思っています。

介護福祉科1年生の旭岳研修。介護職として必要な相手を想う心を養うために実施している

02 interview

学校法人
こおりやま東都学園
郡山健康科学専門学校

職員のアイデアを尊重し柔軟に採用する職場に惹かれる学生が多い

介護・医療・保育分野の5つの学科に加え、日本語学科・国際日本語学科で留学生も学ぶ郡山健康科学専門学校。介護福祉学科では多岐にわたる利用者のニーズに対応できる、コミュニケーション力の高い人材育成に努めている。

多様な交流を通して多彩な学びを得る

介護業界では相変わらず労働力不足がいちばんの課題になっており、背景には介護職の社会的地位の低さなどがあると言われています。

ただ、昔と比べて変わったと感じるのは、外国人材が入って来たことによる介護現場の多様化です。本校には日本語学科や国際日本語学科があり、外国人留学生も学んでいますが、彼らに接することで日本人の学生が刺激を受けて学習意欲が湧く、といった良い影響も生まれています。一方で、外国人留学生が実習に行った際、利用者が受け入れてくれないことがあるのも事実です。

介護の需要が高まるなかで、利用者のニーズは多岐にわたります。本学科では、それに対応できる人材の育成をめざしています。介護現場ではチームでケアを行いますので、コミュニケーション力は必須です。外国人スタッフも増えてきていますので、より円滑なコミュニケーションが必要になります。

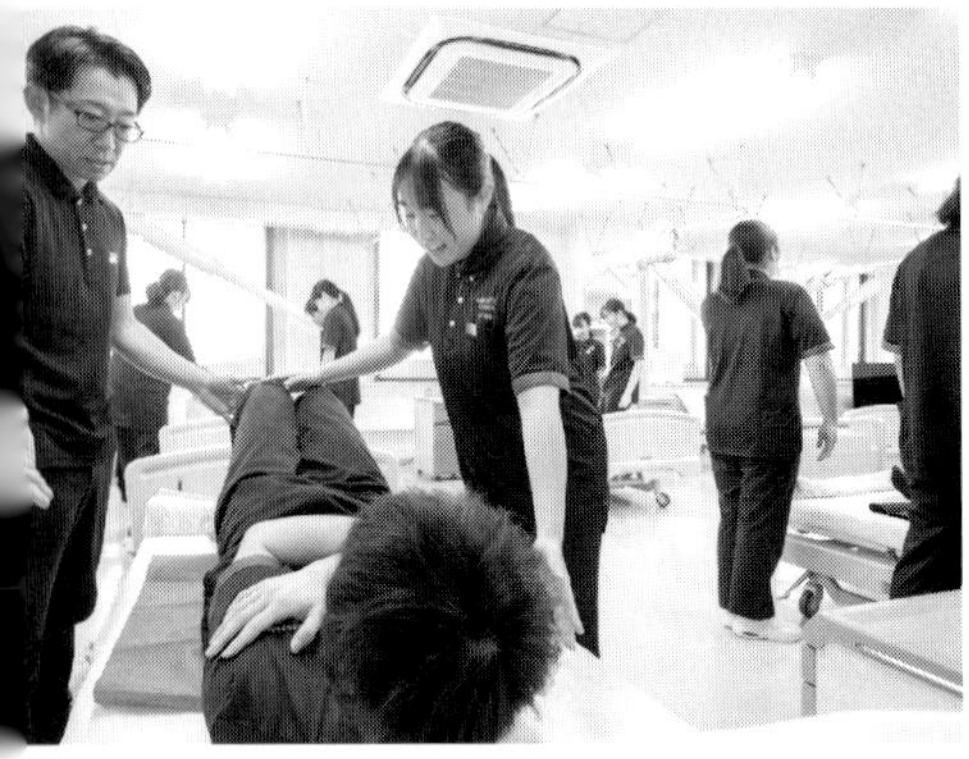

介護にかかわる知識に加え、応急処置や介護ロボットなど現場で活かせる特別授業も実施

複数の学科を越えた交流により、広い視野やつながりをもつことができる

本学科では、1年次も2年次もカリキュラムにコミュニケーション技術に関する科目を取り入れています。本校には外国人留学生もいますので、七夕などの日本文化に触れられる季節の催しやイベントなど、日本人の学生と留学生とが自然に交流できる機会も数多く設けています。

また、本校にはさまざまな学科があり、理学療法士や作業療法士など他学科の教員から授業を受けることで、多職種連携やチームにおける介護職の役割についても学ぶことができます。「多職種の先生から学べて現場で役立った」という卒業生の声も多く、本校の特色になっていると思います。

郡山健康科学専門学校
介護福祉学科学科長

佐藤 篤
Atsushi Sato

学校法人こおりやま東都学園
郡山健康科学専門学校
●福島県郡山市図景2-9-3
HP k-tohto.ac.jp/

2003年創立。理学療法学科、作業療法学科、メディカルスポーツ柔道整復学科、こども未来学科、介護福祉学科、日本語学科、国際日本語学科の7学科があり、バラエティに富む人材を養成する。全校生徒数は約500人。介護福祉学科の定員は1学年33人で、介護福祉士のほか社会福祉主事任用資格の取得もできる

風通しが良く長く働ける職場を選ぶ

学生が就職先を選ぶ際に重視するのは、風通しの良い環境であるかということです。実習もそうですが、施設見学やボランティアなどを体験するなか、職場のコミュニケーションが円滑に行われているか、学生はしっかり見ています。険悪な雰囲気で、利用者に対する思いやりのないケアがなされている施設は敬遠されますし、職員の定着率に影響している可能性もあると考えています。逆に、卒業生が長く勤めることができているところは、職場環境が整えられていることが多く、学生の選択肢の一つになると考えます。

本校では、卒業生から在校生に向けてエピソードトークをしてもらう機会を設けています。実習は必修科目で、1年次に2カ所、2年次に3カ所の施設・事業所で体験してもらっています。受け入れ施設は120～130カ所ありますが、人材不足等で受け入れが難しくなっている施設も少なからずあり、実習に行っても学生とかかわる時間をつくるのが難しい施設もあるようです。ですから、できるだけ卒業生や実際に働いている職員の話を聞き、学生に情報提供するようにしています。

学生には、就職先を選ぶ際はホームページやパンフレットなどで必ず情報収集をするよう伝えています。最近ではSNSを取り入れているところも増えており、職場の雰囲気はわかりやすくなっています。その際は、更新頻度をチェックすることもポイントです。

学生に薦めたいのは継続して学習できる施設

本校には毎年多くの求人票が届きます。最近の傾向として感じるのは、職員のアイデアを尊重している施設・事業所が増えたことです。たとえば、動物介在療法などに積極的に取り組んでいるところもありますし、「飲み会をしません」と採用パンフレットに記載しているところもあって、ちょっと驚きました。飲み会などの集まりが得意ではない職員のアイデアが採用されたのだと思いますし、そのような職場に魅力を感じる学生は少なくないようです。

学校としては、特に研修など学習の機会を継続的に設けている施設を学生に薦めたいと思います。教育プログラムが構築されていないと、人材定着は難しいでしょう。研修に力を入れている施設は、スキルアップはもちろん、キャリア形成もイメージしやすくなると思います。

時間の制約など難しいところもあるでしょうが、適切なリソースの配分と工夫を行うことで、サービスの質の向上を図ることができると思います。これからの介護現場は、外国人労働者がますます増えていくでしょう。福島県でも外国人を採用する施設が増えていますし、労働力を補うために外国人材や留学生に限らず、キャリアチェンジの人材も含めて育成していくことがますます重要になると思います。介護ロボットやICTの導入も徐々に進んでいくので、それらへの対応も必要ですし、より高いコミュニケーション力も求められるようになっていくはずです。

学校としては、介護に必要な知識や技術を教えると同時に、介護の魅力がしっかり伝わるよう、1年次から仕事の意義について考える機会を設けるようにしています。また、依頼があれば教員が講師として施設や地域の高齢者クラブなどに出向いて出前講座を行ったり、施設での研修にも積極的に協力していきたいと思います。施設が開催するお祭りなどのイベントに学生がボランティアで参加することもあり、地域との取り組みも職場選びの際には大切なポイントになると思います。

03
interview
むさし介護アカデミー

ケアに対するルールをはじめ自分たちの強みを言語化し具体的に伝える努力が必要

むさし介護アカデミーは、資格取得のための学校でありながら、独自開発したプログラムも取り入れた授業を展開。魅力ある介護人材の育成に努める学校長の近藤心也さんは、自施設・事業所の強みを発信する必要性を強調する。

身体と心を守る技術も同時に教える

　本校は単に資格を取ればOKではなく、きちんとした介護人材に育成して輩出することにこだわりをもっています。

　その方法のひとつが、それぞれの体軸に合った身体の動かし方で行うケアの技術を理論化した「GIFT理論」です。本校の講師陣でつくり上げ、協会を立ち上げて展開しています。この体軸を使った方法を習得することで介護する人の身体を守り、なおかつ安定的にケアを実践していくことが可能になります。

　もうひとつは、介護人材としての考え方や心のあり方をオンラインで学ぶ「ココトレ」です。介護の仕事は人間関係が特に重要ですが、なぜ職場の人間関係が悪くなってしまうのか。そもそも何のための仕事をするのか、チームで働くとはどういうことなのか。介護の現場で起きている問題は、そのような根本的なことがきちんと考えられていないことが原因で起きていると思います。きちんと学び、理解したうえで正しい全体最適を築いていけば、良い職場になるはずです。

　本校では、初任者研修や実務者研修のカリキュラムにこれらの独自の理論や手法を導入することで、施設・事業所はもちろん、地域社会に貢献できる人材を創出しています。

現場の最前線で活躍する講師が、実際の現場で役立つ実践的な講義を行う

投資を惜しまず若者にメッセージを送る

　職員を採用しようとする際には、まず自分たちの強み＝競争優位性をきちんと理解しないと始まりません。具体的に何が良い点なのか、一つひとつ言語化していく必要があります。人が集まらないのは、自分たちの良いところをきちんと発信できていないからなのです。まずはホームページの見直しから始めてみましょう。うまくいっていないことがあれば、その事実から目をそらさず、必要な対策に投資します。投資がなければ、状況を変えることはできません。

　強みを打ち出すには、まずは自己認識が必要です。経営者と現場の職員の間で、求めるものについて認識のズレがないかを確認する必要があります。

強みの一例として、「このエリアで介護といえばここ!」という地域でのナンバーワンブランディングを築くことが挙げられます。これができれば施設・事業所を選ぶ際に必ず選択肢に上がるので、採用で困ることはなくなりますし、利用者も集まります。地域のニーズとマッチした差別化を打ち出し、地域で一番になれれば、地域の外からも入職希望者が集まるようになります。

採用メッセージとして、施設の理念が重要ですが、若者に遠すぎてはなかなか届きません。理念から発生する施設のモットーやコアバリューなど、端的でわかりやすいメッセージをつくるといいと思います。若いリーダー層に任せてみるのもおすすめです。時代が変化しているという意識をもち、そのトレンドに近い人たちが自由に提案し、自由に働ける環境をつくっていくことも大切です。

むさし介護アカデミー
学校長
近藤心也
Shinya Kondo

むさし介護アカデミー
●東京都国分寺市南町3-23-2 MD8ビル3・4階
URL musashi-academy.com/
介護職員初任者研修、介護福祉士実務者研修などの介護の資格取得をめざすスクール。「GIFT理論」や「ココトレ」などオリジナルコンテンツを取り入れた授業により、社会に貢献する介護人材を育成する。国分寺本校のほか池袋校があり、各地でサテライト講座も実施。めざす資格ごとに短期間の講座が設けられており、年間500人以上が学ぶ

ケアに対するルールをきちんと決めているか

施設のリーダーには統率力が必要ですが、成功するリーダーは部下に決定権を与え、自分が責任を取ることを明確に示します。それによって職場に心理的安全性が生まれ、現場の人たちは働きやすくなります。

施設にとっていちばん大切なのは、職員が幸せで楽しく働いてくれることです。そうでないと、良いサービスは提供できません。職員が働きやすいようにするのは、マネジメント層の役割です。たとえば、うまくいっている施設はお盆や年末年始に職員を休ませて、施設長がシフトに入ります。リーダーが縁の下の力持ちになることで、組織はうまく回っていきます。子どもの運動会や七五三などのイベントのときは、有給休暇を使わずに休めるようにします。これだけで現場の不平不満は半分に減って定着率が上がり、働きたいという知り合いの紹介も増えていくはずです。

外国人に向けて、カスタマイズした専用の実務者研修も実施している

また、採用がうまくいっている施設は、人員基準よりも多めに人を配置しています。人手が足りなくて忙しいと、職員はイライラして職場の雰囲気も悪くなります。人数が十分であれば、問題を抱えて悩んでいる人に「どうしたの?」と手を差し伸べる余裕も生まれ、定着につながっていきます。採用がうまくいったら、利益は少し削ってでも配置を厚くしてみましょう。

もうひとつ大切なのは、基準づくりです。ケアに関するルールを決めていない介護施設は意外に多く、悩み相談も増えています。介護の現場は中途採用者が多いため、それぞれが自分のやり方を押し通そうとすると、当然ぶつかり不満にもつながります。多様な人が集まる職場だからこそ、阿吽の呼吸ではなく、きちんと技術基準を設ける必要があるのです。ルールが決まればチームの一体感も生まれますし、「うちにはこういう基準があり、こういう技術が身につきます」と打ち出せて、採用にもつながります。

働き手の人口がどんどん減っていき、採用をめぐる環境がますます厳しくなっていくなか、介護業界でもこれまでとは発想を変えた採用戦略が必要になります。

04

interview

学校法人富山国際学園
富山短期大学

多様性の時代、個性を尊重し学生の底ヂカラを信じて能力を伸ばしてほしい

情報化・デジタル化に力を入れる一方、実習や地域での学習、学生支援も充実させる富山短期大学健康福祉学科。学科長の中島眞由美さんは、「学生の底ヂカラを信じ、その能力を１００％伸ばしてほしい」と要望する。

先進技術の習得に注力しつつ地域とのつながりも大切に

「健康としあわせ・well-beingを支える人になる」という理念を掲げる富山短期大学健康福祉学科では、介護ロボットやICTについて学ぶ授業や実習に力を入れています。利用者のQOLやサービスの質の向上、介護職の負担軽減・職場の活性化などの効果は本学科の理念につながるため、就職先でも介護ロボットやICTの活用を推進していける人材に育てることをめざしています。同時に、実習の際に指導者の後ろを影のようについて学ぶ「シャドーイング」という学習方法を導入。学生の不安を取り除き、理論と実践の統合を図りながら技術や倫理を身に付ける仕組みを設けています。

地域での学びも大事にしており、2021年度からの3年間は、県から委託を受けて「地域での介護の仕事魅力アップ推進研究モデル事業」を実施。交流ミーティングや勉強会、介護事業者同士がつながるプロジェクトなどに学生が参加し、出会いや対話を通し地域とのつながりや地域づくりについて幅広く学びました。現在はさらに地域を広げ、勉強会や研修会を実施しています。

本学科は多様な学びと多様な進路選択が可能なのも特徴です。介護福祉士はもちろん、ウォーキングトレーナーや公認初級パラスポーツ指導員、介護予防運動トレーナーなど多様な資格が取れ、卒業生はさまざまな職場で活躍しています。2年間の学びを通して主体的に学ぶ力が身につき、卒業後も相談し合う仲間ができることも、養成校の大きな財産だと思います。

2年間で介護の魅力に出会い介護の魅力を伝える人に

現在の介護業界は人材不足が大きな課題となっていますが、これは社会構造的な問題であり、全産業で人手は足りていません。介護現場の人材を確保するためには介護職の社会的評価の向上と待遇の改善が必要です。DXを推進して業務の効率化や生産性の向上を図る必要もあります。また、多様な人材も確保していかなければなりません。

2000年から2022年までの要介護認定者数は244万人↓697万人と2・86倍、介護職員

経営力を身につけるため、社会保障制度、経営分析、人材マネジメントなども体系的に学ぶ

数は54・9万人→215・4万人と3・92倍になったのをご存じでしょうか。生産年齢人口が減少しているのに、介護職員は約160万人増加しています。それでも、相変わらず需要に対して供給が追いついていない。その原因は給料が安い、仕事がきつい…とネガティブキャンペーンばかり。「160万人も増えた」とポジティブに発信していく必要があると、個人的には考えています。

富山短期大学
健康福祉学科学科長
中島眞由美
Mayumi Nakajima

**学校法人富山国際学園
富山短期大学**
●富山県富山市願海寺水口444
URL toyama-c.ac.jp/

1963年、産官学の協力により設置された総合短期大学。女子の短期大学としてスタートし、2000年に共学化。現在は、経営情報学科、食物栄養学科、幼児教育学科、健康福祉学科、専攻科食物栄養専攻の4学科1専攻。健康福祉学科は「人を元気に、未来を笑顔に」を掲げ、福祉・介護専門職の養成と福祉社会を支えるビジネスパーソンの育成を行っている

学生を育てるうえで最も大切にしているのは、2年間で介護の魅力に出会ってもらうことです。実習はその魅力を体験できる絶好の機会ですので、受け入れる側にも「介護の魅力」を意識した指導をお願いしています。学生時代に介護の魅力に出会えた人は、どんな環境であっても、ブレずにミッションを追求することができます。富山県の県花は「思いやり」を花言葉にしたチューリップで約300品種あり、この花のように介護の魅力を県内に伝えたいと現在、卒業生が「広がるチューリップ」という活動をしています。

学生が望んでいる心理的安全性とキャリア支援

学生は実習を通して自分の介護観を育て、自分らしく存在できる職場を選びます。質問しやすかったり、話しやすかったりする雰囲気は大切で、職員同士が助け合っていたり、利用者のためにチャレンジしている職場に魅力を感じます。

たとえば、DXの推進に前向きだったり、外国人の介護職を積極的に受け入れたりしながら、自分たちの課題を解決しようとしている施設・事業所や、利用者のより豊かな生活の実現を見据え、職員が一丸となって同じ目標に向かって進んでいる施設・事業所を、学生は好みます。

本学科では2年間で5カ所に実習に行きますが、そのうち1回は介護ロボット・ICTに取り組んでいる施設、1回は障害者施設に行くようにしており、さまざまな施設体験や出会いを通して自分に合った職場イメージを確立しています。

就職した卒業生は職場においていろいろな課題に直面しますので、本学科では卒業後1年間、「オンライン同窓会」を実施しフォローしています。そこで感じるのは、学生がいちばんに求めているのは給料や福利厚生などよりも、良い人間関係だということです。自分たちが自由に発言できる空気がある、心理的安全性が確保された職場を望んでいます。

もうひとつは、キャリアアップです。養成校の学生は「人の役に立ちたい」「自分を磨き、成長したい」と考えています。ですから、キャリア支援のシステムが整っていない就職先には魅力を感じません。就職する時点で、施設・事業所の標準的なキャリア支援のプログラムをきちんと提示してほしいと思います。

多様な人材がいてお互いに認め合い、多様な働き方ができる職場こそ魅力的だと思います。誰もが一律に同じ仕事の仕方をしなくてはいけなくなると、今の時代の若者は息苦しさを感じます。

介護事業者の皆さんには、固定観念に捉われず、学生の底ヂカラを信じて、その能力を伸ばしてほしいです。働く人の人権を尊重することは、認知症の人や障害のある人への人権尊重にもつながります。人を大切にする職場であってほしいと思います。

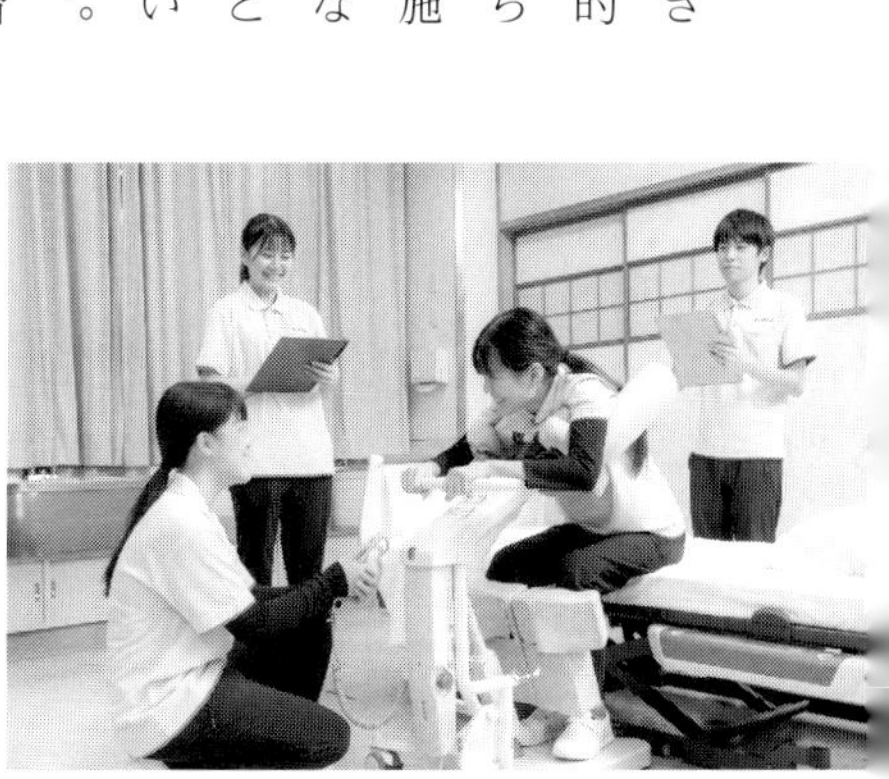

最先端の介護施設などと連携し、実践的学習を通して、テクノロジーを推進していける人材育成をめざす

05

interview

学校法人丸の内学園
名古屋福祉専門学校

個々のキャリアビジョンに対応した働き方が選べる施設に学生は魅力を感じる

介護福祉士に加え、介護食士やレクリエーション介護士の資格取得もめざせる名古屋福祉専門学校介護福祉学科。多面的・実践的な思考ができるリベラルアーツ教育に力を入れ、幅広い見方ができる教育の実践に努めている

介護・福祉の多様なニーズに対応した教育を実践

名古屋福祉専門学校の特色のひとつは、介護福祉学科において、メインである介護福祉士のほかに、介護食士とレクリエーション介護士の資格取得もめざせることです。

介護食士は、全国調理職業訓練協会が認定している資格制度で、高齢者に安全でおいしい食事を提供するために必要な科目を学びます。「食に関する知識があり、食事をつくれる職員がいたらうれしい」との施設からの声をきっかけに、カリキュラムに導入しました。日本アクティブコミュニティ協会の認定資格制度であるレクリエーション介護士は、レクリエーションの企画や実行に必要な知識・能力を身に付けるもの。入職後、介護現場でどんなふうにレクリエーションを計画し、実践していけばよいのかを教えています。

企画・実践に必要な知識を学び、レクリエーション介護士の資格認定をめざす

本校のもうひとつの特色としては、1983年から始まった大阪・向陽台高等学校との連携により、学内に高校生が通学する高等課程のカリキュラムをもっていることです。高等課程では、3年間で初任者研修の取得ができます。卒業生の6割以上が本校の介護福祉学科（専門課程）に進学し、トータルで5年間かけてじっくり介護を勉強しています。時間をかけて学ぶため、「介護福祉学科の卒業生は介護についてしっかり考えられる学生が多い」と言っていただく事業者は多く、成果を実感しています。自分の身体を守りつつ利用者のケアを行う方法なども教えており、そのような知識も現場に出た後で役に立っているのではないかと感じています。

また、本校では社会人向けの養成講座も行っており、介護現場に必要な研修を行うなど、さまざまなニーズに対応した教育を行うことで、誰もが支え合う地域共生社会の実現に寄与できると考えています。

介護の「根拠」を考えて行動できる人材を育てる

少子化により18歳人口は激減しており、介護分野の人気は低下していますので、本校も含め介護の養成校の入学者は全国的に減少しているのが現状だと思います。加えて、経済的に苦しい学生の場合は、介護・福祉業界に進みたいと思っても、「給料が低い」というイメージがネックになります。ひと昔前と比べれば給与面は改善されているとはいえ、福祉全体を見たとき、医療系と比べると、まだまだ低い印象は拭えません。今後、専門職としての社会的地位も

名古屋福祉専門学校
学科長
前川好夫
Yoshio Maekawa

**学校法人丸の内学園
名古屋福祉専門学校**
●愛知県名古屋市中区丸の内1-3-25
HP marunouchi-gakuen.ac.jp/

80年以上の歴史をもつ介護・福祉の専門学校。2年間の専門課程である介護福祉学科は、1学年の定員36人。介護福祉士、介護食士3級、レクリエーション介護士2級のトリプルライセンスの取得が可能。大阪・向陽台高等学校との連携による3年間の高等課程と、介護職員のキャリアアップにもつながる社会人向け養成講座を実施

給料も上がれば、入学者や就職者は増えていくと思います。

学生を教育するにあたって大切にしているのは、介護の根拠を考えられる人材に育てることです。介護の行為には一つひとつに理由がありますから、単に教えられたことを実践するだけでなく、なぜそうするのかを常に考えて行動できる人材に育てたいと思っています。

もう1点は、リベラルアーツ教育の実践です。最近は大学教育でも言われていますが、介護の世界においても多面的かつ批判的、実践的な思考ができる人材が、今後は必要とされるでしょう。介護だけではなくさまざまな事柄に興味をもつことも大切で、介護食士やレクリエーション介護士のカリキュラムを取り入れているのも、その一環です。一見、介護とは関係がないと思える「食」や「遊び」に興味をもつことで、幅広い見方ができるようになります。

地域全体で力を合わせた介護のイメージアップが必要

学生が就職先として魅力を感じているのは、人材育成に力を入れている職場です。価値観や能力はそれぞれ異なり、仕事を覚える速度も環境に慣れる速度も違うため、一人ひとりに合わせた教え方をしてくれる職場を求めています。職員間で情報共有していて連携が取れている職場にも魅力を感じますし、働き方を複数提示し、そのなかから選択できるような職場も魅力的です。たとえば、将来的に管理職をめざしたり、自身で施設を経営したいと考えるなど、マネジメントに興味を抱く学生も増えていますので、そのような方向性を示してくれる施設・事業所に惹かれる学生は少なくないと思います。

食事に関するエキスパートに向けて、介護食士の資格にも取り組む

学生が就職先を選ぶ際は、何よりも実際に職場に行って見学や体験することを重視します。職員と話してみて初めてわかる職場の雰囲気もありますし、利用者と職員がどのような関わり方をしているかを見ることによって、自分が実際に働く際のイメージ化につながるからです。

職場でミスマッチがあって退職した卒業生が相談に来ることもあります。退職理由として多いのは、入職前とのイメージのギャップです。介護をめざす学生は、介護に対する自分なりの価値観をもっており、その理想と現場での介護にズレが生じることが、離職の原因にもなります。

思っていたような研修が入職後に十分に受けられないケースも見受けられます。採用はもちろん、離職をいかに防ぐかも大切なポイントだと思います。辞めずに働き続けるにはキャリアビジョンの選択肢が多いほうが魅力を感じるので、個人の事情に合わせて働き方を選択できるような柔軟なシステムがあるとよいと思います。

今後は学校と介護事業者、行政を含めた地域全体で介護のイメージアップを図っていく必要があると思います。連携し情報共有しながら一緒に考えていくことができれば、介護業界はより良い方向に向かっていくのではないでしょうか。

06
interview
学校法人大屋学園
関西社会福祉専門学校

自分たちの職場を誇り
それを発信できることが
介護業界の発展につながる

35年の歴史をもつ関西社会福祉専門学校は、即戦力のプロフェッショナル人材を育てることで定評がある。卒業生のネットワークが強く、介護業界の最新動向にも詳しい同校は、人材難等の課題をどう考えているのだろうか。

質の高い人材育成に向けて 施設と養成校の協力が必要

　介護業界は厳しい人材不足となっていますが、この状況は誰もが予測していたことです。少子化により若年人口がどんどん減少しており、人口構成では高齢者の比率が増え続けています。総人口に対して生産年齢人口が減少するのは当たり前のことで、どの業種であっても人材を確保するのは難しくなってきています。

　こうなることは目に見えていたので、2016年に国会で新たな在留資格である介護ビザ※を認める改正入管法が成立する前から、いち早く外国人留学生の受け入れをスタートさせました。介護ビザ取得の第1号は本校の卒業生でした。

　少子化は止まっておらず、今後、さらに若者の人数は減っていくので、外国人材に頼らないといけない部分は大きくなりますが、事業運営の中核を担っていく人材は日本人です。現場でキーになるポジションには日本人が必要です。そのような立場の人材を各施設・事業所で育てていくのではなく、養成校とも協力しながら質の高い人材を確保していく必要があると考えています。

　たとえば、高校3年生になると進学か就職かのいずれかを選ぶわけですが、そのいずれでもない〝就職進学〟みたいな形があってもいいのではないでしょうか。高卒で就職予定の生徒を社会福祉法人が採用し、卒業後は養成校で育成する。現在このような取り組みをいくつかの社会福祉法人と進めています。

自ら考えて答えを出せる「現場に強い人材」の育成に取り組む

就職先を選ぶ基準は ケアに対する視点

　本校は、現場に出たときにいかに即戦力の人材を養成するかということを念頭に置き、「現場に強い介護福祉士を養成するために」を合い言葉にしています。そのうえで重要と位置づけるのが、自分で考えて行動できる人材を育成することです。

　独自カリキュラムの一つに「介護福祉学」という授業があります。介護福祉を学問の側面から捉え、答えのない問題を学生にディスカッションさせ、自分なりの答えをつくっていく力を身につけさせることが目的です。介護技術などベーシックな知

※介護ビザ：日本の介護福祉士養成施設を卒業し，介護福祉士の資格を取得した外国人を対象に介護業務に従事することができる在留資格。2017年9月に創設された

識を体得したうえで、それをもとにどう考えるかが大事であり、本校出身の学生は〝最低限、この程度は考えることができる〟というスタンダードの確立を意識した授業を行っています。

　このような教育をしていることも

関西社会福祉専門学校
学校長
山本容平
Yohei Yamamoto

**学校法人大屋学園
関西社会福祉専門学校**
●大阪府大阪市阿倍野区帝塚山1-2-27
URL ooya.ac.jp/
介護福祉士が国家資格として認可された翌年の1989年に開校。累計約2100人の卒業生が、大阪府下を中心にあらゆる福祉施設で活躍している。介護実習室、入浴実習室、調理実習室などで最新の介護器具を揃え、充実した環境のなかで落ち着いて学ぶことができる。

あり、学生は就職先を考えるとき、給与面や福利厚生よりも、地域に開かれた取り組みを積極的に行っていることや、利用者へのケアにどのような視点で取り組んでいるかといったことを重視しているようです。

　ただし、介護の本質は最期まで安心できる暮らしを支えることなので、イベントなど派手な取り組みを全面に押し出しているような施設・事業所には疑問符をもっておくように伝えています。介護という仕事の本来の使命にどれだけ力を入れているか、というところにもしっかり目を向けるよう指導しています。

　また、就職説明会などで、自施設・事業所の良いところをPRするのは大事なことですが、当然に抱えている課題もあるはずなので、それらを隠さず、改善に向けて取り組む姿勢があるかというところも見ています。

人材が定着するためには「無形報酬」が重要

　本校が就職先として薦めるポイントは、やはり職員が長く働き続けているところです。本校は1989年に開校して以降、これまで送り出した約2100名の卒業生が大阪府下を中心にさまざまな福祉フィールドで活躍しています。介護業界からの離脱率は5%を下回っており、転職したときには報告してくれるので、卒業生が現在どこで仕事をしているかはおおよそ把握しており、長く続けられているところは、良い環境であると認識しています。

介護人材の裾野を広げるべく、いくつかの高校で出前授業を実施

　ある程度の事業規模がある点も重要だと考えています。就職して3年以上経過すると、これからのキャリアというものを意識するようになっていきます。ケアマネジャーやセクションのリーダー職、あるいは施設運営など、本人の希望や努力次第でそのポジションが得られる可能性があれば、続けて頑張ろうと思います。

ただもちろん、小規模でも地域の中でスペシャリティを示し、職員がやりがいをもって働いている事業所も少なくありません。

　仕事をするうえで、給料や福利厚生など「有形報酬」と「無形報酬」があると考えています。無形報酬とはやりがいや満足感、自分が必要とされているなど精神面の部分です。有形報酬だけを求めるなら、そもそも介護業界には入らないでしょう。そうではない部分に介護という仕事の良さがあるので、無形報酬に力を入れて取り組んでいる施設・事業所は、規模の大小に関係なく定着率が高いように思います。法人の未来像と自分のキャリアの方向性を一致させることができていれば、職員の帰属意識も高まると考えています。

　私たちは介護福祉士を誇りある職業にしたいと思って教育しています。介護という仕事の必要性と意義はかなり認知されてきましたが、それに加えて、自分の働く施設・事業所を誇れる職員を育ててほしいと思います。自分たちの職場を誇り、それをアウトプットできる職員が増えていけばいくほど、介護業界全体の発展につながっていくはずです。

07
interview
社会福祉法人敬愛園
福岡介護福祉専門学校

施設が独自色を打ち出し ブランディングを強化することで 人がより集まってくる

入学希望者が年々増加し、現在、40人の定員に140人が受験するなどの人気を集める福岡介護福祉専門学校。介護業界が若い世代を惹きつけ、求心力をもつために何が必要か。小笠原靖治校長に話を聞いた。

就職先を学生が選べる 独自の奨学金システムを実施

本校は福岡県内で最も歴史があり、社会福祉法人が運営する唯一の学校です。介護施設と同一建物内にあり、週に一度は建物内の施設で実習を行う、超実践型教育を実施しています。

2019年から留学生の受け入れを開始し奨学金のニーズが高まったことから、独自の奨学金制度「奨学会」を立ち上げました。現在、県内29の社会福祉法人や医療法人等が参加しています。在学中の奨学金の貸与は当法人が行い、就職する際に就職先の法人に債権を譲渡します。

この方法であれば、奨学生は参加法人のなかから就職先を選ぶことができます。奨学金は法人によって期間は異なりますが、3年から5年就労すると免除される仕組みです。

2021年からの4年間で66人の奨学生を送り出しましたが、今のところ退職者は一人もいません。就職後もフォローアップのために定期的に学生と面談していますが、学生にとってはやはり自分で決めた就職先であることが大きなポイントとなっているようです。

ギャップを埋めるために 指導する側は寄り添う努力を

若い人材が辞めずに定着する職場にするためには、彼らに寄り添うよう、指導する側が変化していく必要があると感じます。

数十年前は指導する側とされる側の間に適度な上下関係や距離のようなものがありましたが、今の若者は寄り添ってもらうことに慣れて育ってきました。「自分で考えなさい」と言われて悩んでいるうちに退職を決めてしまうなど、厳しく指導するチャンスさえないように思います。

「寄り添い」と言っても、闇雲に教育を甘くするということではありません。介護は利用者の命を預かり生活を守る仕事なので、厳しい部分もあります。指導者側が、そういった守るべき大切なことを明確にして、それを伝えるためにはどのように示すとよいのか、相手によって変化させる必要があると思います。

外国人の卒業生とフォローアップ面談で話した際に、一人での夜勤が不安という声がありました。能力的にも言葉の面でも問題なく一人で夜勤をこなせると評価できる場合でも、たとえば利用者の容態が急変した際、電話のみで状態を伝えて救急隊からの質問に的確に答えられるかなどの不安をもつ人は多くいます。このことを施設側に伝えると、すぐに先輩職員と二人態勢で研修する期間を設けていただけました。こうした不安感への寄り添いや、不安を話せる関係性の構築が、若手職員の定着につながると思います。

もう一つ強く感じるのは、ワークライフバランスをより重視するようになっているということです。これは実際に大学生が話していたことですが、めまぐるしく変化する社会のなかで仕事や職場に自分の人生をかけるのはリスクが高く、それよりもプライベートの人間関係や趣味に、自分の人生の重きを置きたいというのです。キャリアアップの過程においても、仕事と生活のバランスを取れるような体制をつくり、安心してキャリアを積めるような環境をつくることが求められています。

福岡介護福祉専門学校
校長
小笠原靖治
Seiji Ogasawara

社会福祉法人敬愛園
福岡介護福祉専門学校
●福岡県福岡市博多区千代1-30-25
URL keiaien.org/fukkai

1990年に福岡市で最初に開校した介護福祉士養成校。2018年、学校法人から社会福祉法人敬愛園に所属を変更し、2019年に福岡市博多区に拠点を移す。デイサービス、小規模多機能型居宅介護、サービス付き高齢者向け住宅、グループホームなどの介護施設と学校が同一建物内に併設する「ケアスタ福岡」で養成事業を行う

自分たちが実現したい介護をきちんと語ってほしい

介護業界で人材を確保し、他業界への人材の流出を防ぐためには、介護業界がもっと若い人を惹きつける求心力をもつ必要があります。そのための特効薬というものはなく、介護の魅力を発信し続けるしかないと思います。

やりがいをもって仕事を頑張るためには、〝いつまでにこれを達成したい〟というモチベーションが必要ですが、現在の介護業界は昔と比べて、めざす目標が見えにくくなっているのではないでしょうか。

たとえば、私が介護業界に入った20数年前は、現場には身体拘束などがまだあり、「利用者の尊厳を保持する」というあるべき介護を目標に掲げて、身体拘束ゼロや寝たきりゼロに向けてみんなで取り組んでいきました。現在も、ノーリフトやICT導入により業務の効率化をめざすなどの取り組みがされていますが、人手不足への対症療法的な面が強いように感じます。

グループワークの様子。実践を通して学びを深めていくのが同校の方針

私は常々、実習先の介護施設の方に「実現したい介護を学生たちに語ってあげてください」と話します。今実現できていないにしても、「私達の実現したい介護はこれで、みんなでここをめざしている」ということを明確に示すことが大切だと思います。そこに共感した人が集まってくることで、チームになっていけるのではないでしょうか。

たとえば、私がめざすのは「施設福祉」から「地域福祉」になることです。地域包括ケアのなかに介護施設が組み込まれ、利用者が介護施設に入所しながら、地域で自分らしい暮らしを実現できればと考えています。施設から地域に連れ出すだけでなく、地域から人が入ってきて入所者を連れ出してくれるような、地域福祉のレベルアップが目標です。

車いす実習。学んだことを忘れないよう週に1回は実習を行っている

一連の処遇改善加算や補助金で、職員の給与面や負担軽減の取り組みは、どの施設・事業所でもほぼ横並びになっているように感じます。理想とする介護に向けて施設・事業所がより独自色を打ち出し、ブランディングをしていくことで、人が集まるようになっていくと期待しています。

介護分野の情報はシルバー新報・月刊ケアマネジメントで

早くも次の改正・改定へ
情報はしっかり収集を！

介護報酬改定から早や４カ月。プラス改定の恩恵を感じている事業所、プラスどころかマイナス影響が大きいという事業所。明暗あると思います。ただ、すでに制度改正や次期報酬改定への動きは始まっています。事業の持続可能性のためにも、ポイントとなる情報はしっかり押さえておきたいですね。

シルバー新報は、事業運営の参考となる情報や、介護現場の取り組みを取材しタイムリーにお届けします！

特典付き購読キャンペーン

オリジナル図書カード（1000円分）

シルバー新報・月刊ケアマネジメント

新規定期購読でもれなくプレゼント！

お申し込みは今すぐ！

シルバー新報
購読お申込み

月刊ケアマネジメント
購読お申込み

＊申し込みフォームの質問欄に「介護ビジョンを見た」とご記入ください。特典適用します。

時代を乗り切る最新情報を毎週お届け!

シルバー新報

「週刊のタブロイド判の青いヤツ」って覚えてネ！

発　行：毎週金曜日（月4回発行）　体　裁：タブロイド判 8ページ、随時増ページ
購読料：年間購読25,300円（本体23,000円＋税）

ケアマネジャーの方にはこちら！

変わりゆく時代のケアマネジャー応援誌

月刊ケアマネジメント

発　行：毎日30日（月1回発行）　体　裁：A4判
購読料：年間購読13,200円（本体12,000円＋税）1部定価1,540円（本体1,400円＋税）・送料別

シルバー新報 販売部　東京都新宿区四谷 3-1-3 第１富澤ビル　**TEL.0120-1972-65**

介護のTOPが知っておきたい

明日の経営と未来の介護

線の方が強い本音を隠してもいない様子が伺える。

改革案の列挙は財務省の決意の表れ!?

また、財務省のめざす改革案についても、今回はずいぶん丁寧に書き込まれている。▽介護事業者のテクノロジーの活用や協働化・大規模化、経営の見える化を推進した上で処遇改善や業務負担軽減・職場環境改善を行うこと、▽介護保険外サービスの利用促進等が明記されたばかりでなく、▽利用者負担が２割となる「一定以上所得」の判断基準見直しや、▽ケアマネジメントに関する給付の在り方、▽軽度者への生活援助サービス等に関する給付の在り方について、第10期介護保険事業計画期間の開始前までに結論を得る旨が改めて宣言されている。その他にもいわゆる高齢者向け住宅における「囲い込み」の問題や、不適切な有料人材紹介事業者への規制強化などについて実効性ある対策を講じることが触れられており、例年にないほど財政制度等審議会の「建議」における提言がそのまま載せられている。報酬改定が終わったばかりのタイミングでマイナス改定など直接的な書き方がされないことから、幾分機械的に見えるせいかそれほど危機感をもちにくいかもしれないが、介護分野にはリップサービスさえないようなものであることは確かと言えるのではないだろうか。

さて、報酬改定の翌年度に、永田町から必ず聞こえてくる声があるのでご紹介したい。それは「改定のときだけ“くれくれ”とねだりに来て、その後は顔も見ない」というものだ。口の悪い関係者が、報酬改定に係る団体の要望活動を「３年ごとのお祭り」と揶揄することがあるが、事実として今回の骨太方針に係るアクションも前述の５団体によるものが目立った程度で、他からはほぼ音沙汰がなかった。これでは真剣に取り合われるはずもない。古くから説かれてきた「常在戦場」の心構えがまだまだ浸透していない介護業界に、改めて警鐘を鳴らしたい。

“改定のときだけ”では真剣味に欠ける 常に緊張感をもった行動を

あきのたかお
ジャーナリスト

介護業界に長年従事。フリーランスのジャーナリストとして独立後は、ニュースの表面から見えてこない業界動向を、事情通ならではの視点でわかりやすく解説

連載
serial

介護業界 **深読み・裏読み**

介護業界に精通するジャーナリストが、日々のニュースの裏側を斬る！

財務省色の強い骨太方針に介護業界は「常在戦場」の構えを

今年の方針は現政権カラーが全面に

今年も、「経済財政運営と改革の基本方針（以下、骨太方針）」の策定に向けた議論が進められている。本稿執筆時点ではまもなく最終案が了承され、閣議決定へ進む直前。各分野の族議員・団体等が盛り上がりを見せている。介護分野では6月6日に全国介護事業者連盟や介護人材政策研究会などが中心となり、5団体連名で与党のとりまとめ役である自民党の渡海紀三朗政務調査会長へ要望書が提出されている。物価高や「電気・ガス価格激変緩和対策事業」終了の影響等を踏まえ、必要な支援の継続を求めるとともに、深刻な介護人材課題に対する施策の充実を訴えており、関係者によれば、公定価格で運営する介護分野への支援について、政調会長からも理解を示すコメントがあったという。

同様のアクションが各分野で繰り広げられた結果、骨太方針本文の案が示されたのは6月11日の経済財政諮問会議だった。「30年間上がらなかった賃金や物価が動き出し、企業の成長期待や投資の見通しも高まっている」という自己評価のもと「長期にわたり染み付いた『デフレ心理』を払しょくし、社会全体に、賃金と物価が上がることは当たり前であるという意識を定着させ、デフレからの完全脱却、そして、経済の新たなステージへの移行へとつなげていく」としたのは、いかにも財務省がリードする現政権らしい書きぶりだ。

社会保障分野についても、その色合いは強い。大看板としては「全世代型社会保障制度の構築を進める」ことがめざされているが、念のために厚生労働省のホームページで調べていただくと、お年寄りに加え、子供たち、子育て世代、さらには現役世代まで広く安心を支えていくために「少子化対策を大きく前に進めます」「現役世代の負担上昇抑制が課題です」とある。そのために医療や介護等、他分野における改革をもって財源を見出す方向性がとられていることも、当欄の読者各位ならご存知のはずで、今回の骨太方針も、言ってみればその角度を高めていこうという中身になっている。

具体的には、各分野横断的に「賃上げ支援を強力に推進する」なかで、「医療・福祉分野における賃上げを着実に推進する」としつつ「賃上げの状況等について実態を把握しつつ、賃上げに向けた要請を継続する」と記載、「ちゃんとできているか確認するぞ」と言わんばかりだ。政府が重点的に取り組みを進める医療・介護DXを「確実かつ着実に推進する」としたり、認知症施策推進基本計画の策定を通じた認知症施策の推進、技能実習制度等の見直しにより創設される「育成就労制度」について「必要な体制整備、受入れ見込数・対象分野の設定、管理支援機関等の要件厳格化に関する方針の具体化等を行う」こと、タスクシフト／シェアの推進等を通じて多様な政策を連携させること等は粛々と進めていただければ良いが、「主要分野ごとの基本方針と重要課題」として「医療・介護等の不断の改革により、ワイズスペンディングを徹底」と書き込んだあたりは、むしろ厳しい目

場合、運営基準違反として指導対象となります。最悪の場合、指定取り消しもあり得ます。

会計区分の方法と問題点とは

厚労省では、運営基準を満たすための会計区分の処理方法として次の4つを例示しています。それが、①会計単位分割方式、②本支店会計方式、③部門補助科目方式、④区分表方式――です。①②が損益計算書と合わせて貸借対照表まで区分する方法で厳密な管理ができる一方、区分する手間がかかります。③④は損益計算書のみを区分する方法で、その簡便さから多くの介護サービス事業者が利用している方法です。

また、会計を区分するにあたり「共通費の配賦」という問題があります。共通費とは、管理部門の人件費や複数のサービスが入っている施設の水道光熱費など、1つの事業や施設に直接配布することができない費用です。

この共通費は適切な配賦基準により配賦することが求められており、厚労省でも延べ利用者数割合や各事業別収入割合、床面積割合など複数の例示を示していますが、多くの事業者では事業別収入割合を適用しているところが多いです。実態と大きく乖離しない限り、一番簡便的であることからも事業別収入割合が適切と考えられます。なお、この配賦処理ですが会計ソフトなどを活用すれば、一括して簡単に計算してくれますので、時間をかけずに効率的に処理していただければと思います。

*

前述した部門別会計や共有費の配賦というものは、厚労省から一定の基準は示されているものの、本来は会社内部の管理や戦略のために、自由に設計することが可能な「管理会計」と呼ばれるものです。どのような単位で区分していくか、共通費をどのような基準で配賦するか、または配賦しないか、なども踏まえて経営者の判断で設計できるのもこの管理会計の特徴です。

たとえば、部門別に会計を区分した場合、法人全体では利益が出ているが部門ごとに見てみると赤字の部門があった場合、その部門の立て直し、または撤退を検討する情報を提供してくれます。

いずれにしても重要なことは、制度に合わせるために部門別会計を導入するのではなく、サービスごとにどのような経営成績になっているかを把握することです。そして、必要に応じて選択と集中戦略へとつなげていけるような仕組みとして活用していただくことだと思います。

横溝大門
C-MAS東京国分寺支部
アシタエ税理士法人代表

よこみぞ・だいもん●公認会計士・税理士。50先を超える介護事業者の支援に力を入れている。中小企業の事業を飛躍させる仕組みづくりに特化した「となりのブレイン」を展開し、顧問税理士の枠を飛び越えた中小企業の統合型支援の仕組みづくりを模索している。自らも「結いごと」「となりのブレイン」と多くの事業を起業しており、公認会計士・税理士でありながら経営者として、経営の仕組みについての提案力に定評がある

アシタエ税理士法人
●東京都国分寺市本町2-12-2
大樹生命国分寺ビル7F
TEL 042-321-9583
URL ashitae-tax.jp/

連載
serial

経営と税務のプロがアドバイス

制度と経営に強くなる！

介護事業所のリーダーが、今、知っておくべき知識を、
業界に精通したC-MAS《シーマス》のプロフェッショナルが伝授

「介護事業経営概況調査結果」から介護事業所の経営を考える

財務諸表の公表制度概要を探る

厚生労働省は、2040年を見据えた制度の持続可能性などに的確に対応するため、介護事業経営実態調査を補完する目的で介護サービス事業者における財務諸表の公表制度を創設しました。

定期的に実施される報酬改定において、中小零細の介護サービス事業者の実態を考慮した改定となっていないという指摘が多く挙げられていました。これは特定の、特に大手の事業者の統計をもとに改定を行っているからという問題があり、これを是正すべく基本的にすべての介護サービス事業者から情報を吸い上げ、適正な報酬改定につなげていく狙いがあります。

この制度は、すでに2024年4月1日に施行されているものの、公表システム開発の構築に時間がかかっていることから全貌がまだ見えず、介護事業者の中では不安だけが募っている状況です。そこで今回は、この財務諸表の公表制度についてポイントをまとめていきたいと思います。

財務諸表の公表制度は原則、すべての介護サービス事業者が報告対象です。ただし、小規模事業者等に配慮する観点から、「過去1年間の介護サービスの対価が100万円以下の事業者」または「災害その他報告を行うことができないことにつき正当な理由がある事業者」は、報告対象から除外されます。

報告期限は毎会計年度終了後3カ月以内となりますが、初年度に限り2024年度内の提出で可とするようです。また報告手段としては、社会福祉法人等で活用されているようなシステムが開発されていると想像しますが、実際のシステムの施行は今年秋頃、開始は今年冬頃を見込んでいるようです。

報告する内容は“事業ごと”の会計

報告を求められるのは「事業所・施設の収益および費用の内容」ですので、まず貸借対照表は報告対象となりません。

報告の対象となるのは収益及び費用の内容を示す損益計算書になりますが、注意が必要なのは対象が法人全体ではなく、“事業所・施設の収益および費用”となっていることです。つまり、複数の事業を行っている介護サービス事業者であれば、「部門別会計」を実施することが求められているということです。

さらに、この部門別会計が求められるのは今回の財務諸表の公表制度から始まるものではなく、もともと厚生労働省令で求められているということをご存じでしょうか?厚生労働省令27号第38条に「指定訪問介護事業者は、指定訪問介護事業所ごとに経理を区分するとともに、指定訪問介護の事業の会計とその他の事業の会計を区分しなければならない」とあります。ここでは訪問介護事業所と記載されていますが、すべての介護サービスに準用されます。

つまり、厚生労働省令では介護サービス事業と他の事業の会計を区分することと同時に、介護サービス事業のなかでも事業ごとに会計を区分することを求めています。

適正な会計の区分を行っていない

黒田 聡 Kuroda Satoshi

株式会社情報システムエンジニアリング／代表取締役社長

1986年、中央大学商学部卒業。1987年、（株）情報システムエンジニアリング入社。2003年、代表取締役専務兼CTO。2011年、代表取締役社長に就任。2013年、株式会社エレクトロスイスジャパンの経営権を取得。京都大学大学院医学研究科非常勤講師、大阪大学大学院工学研究科招へい准教授。大阪大学大学院医学系研究科招へい研究員

Q. 精神的負担または身体的負担を訴える職員が多いと思いますか?

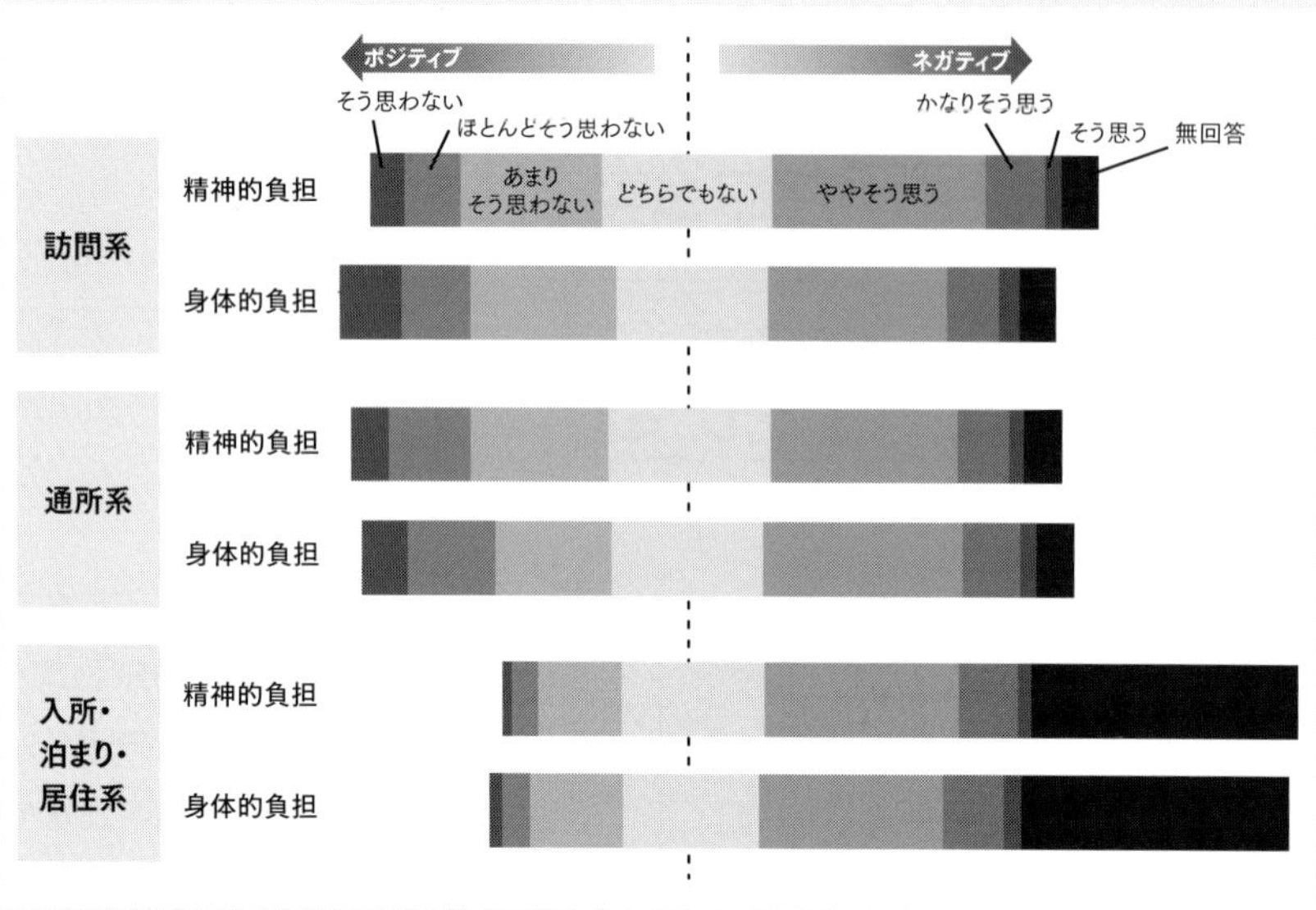

※：調査は1万6,000カ所強の施設・事業所を対象に実施されたものであり、下記のQRコードから報告書全文を読むことができる。

図注記：ひとつのアンケート調査における特定の設問において偏在する無回答群は、ネガティブな感情の表出であると捉えた。

否定的な感情をもたらす要因を明らかにし解消に努めていく

移する傾向があります。

ネガティブをポジティブに変える

この調査報告は令和3年度介護報酬改定の効果検証を目的としていることから、今後も補助や助成、介護報酬改定などの行政支援が実施されることも期待できます。介護報酬の改定を取り込んで採算改善につなげる、職場の雰囲気と職員の感情を改善して職員確保につなげるなど、大きな課題の解消をビジョンとして掲げ、そのために役立つ介護テクノロジーを、デバイスやサービスの導入を通じて活用する視点をもちましょう。行政支援の活用を前提とする取り組みも効果的です。

デバイスやサービスの導入が目的化すると、導入後使われないまま放置されたり、ネガティブな感情が改善されないままだったりします。介護テクノロジーの活用が目的化すると、短期的にはブランド向上につながっても、中長期的な課題解決にはつながらないことがあります。施設や事業所全体のネガティブを減らし、ポジティブを増やすことを目的に据えて取り組みましょう。テクノロジー活用もデバイスやサービスの導入も、目的達成のための手段なのです。

この調査報告には、他施設における令和3年頃の介護テクノロジー導入前後の状況も整理されています。皆さんの施設との差異や共通点を調べ、テクノロジー活用のビジョンを考えましょう。この調査報告を手本として、テクノロジー導入前後におけるポジティブとネガティブのバランスを調査して、テクノロジー活用の結果を評価することも大切です。

連載
serial

介護現場を支える
シン・テクノロジー活用論 ―vol.5―

テクノロジー活用の効果は、テクノロジー自体よりも導入プロセスからもたらされる。テクノロジーとツールの導入は経営者、管理者、職員の意識を変える契機。テクノロジーとツールの円滑な導入の勘どころを紹介する。

効果を上げるテクノロジー導入の手引き

ネガティブとポジティブ感情の綱引き

実用性の高い介護ロボット、ICT機器、ソフトウェア、先進的な福祉用具などを「介護テクノロジー」と呼びます。導入によって介護現場の業務負担軽減、人材確保と定着につながるとして期待され、行政による導入支援プログラムも増えています。

実際にはどのような目的で、どこに導入され、どんな結果をもたらしているのでしょうか。厚生労働省が実施した調査のひとつ『令和3年度介護報酬改定の効果検証及び調査研究に係る調査（令和4年度調査）』※を読み解いてみます。

この調査では、施設を訪問系、通所系、入所・泊まり・居住系に区分して調査し、集計しています。たとえば、職員の精神的または身体的負担の存在は、テクノロジー活用の目的となる業務負担軽減、人材確保と定着の評価指標になります。この調査によれば、入所・泊まり・居住系は、訪問系や通所系と大きな違いがあることが示されています（**図**）。

たとえば、ポジティブとネガティブが拮抗している現場にテクノロジーを持ち込んでも、導入の成否は拮抗するでしょう。新しい機器の扱いに取り組む負担が加わって、拮抗状態からネガティブ側に傾いてしまうこともあります。これはテクノロジーやツールの導入が失敗する原因のひとつです。

導入効果を求めるのであれば、ネガティブな感情が偏在する場を対象に、ネガティブな感情をもたらしている原因に働きかけてこれを緩和するために、テクノロジーを活用しましょう。

ネガティブ感情を可視化する

図は、前述の調査報告書に掲載されている情報のひとつを可視化したものです。「どちらでもない」を中心軸にして、ポジティブ回答とネガティブ回答を左右に再配置しました。解決すべき課題は、中心軸付近ではなく、ネガティブ側に大きく傾いたところにあります。課題解決のためのテクノロジー活用を論じるのであれば、ネガティブな感情の存在を可視化することから始めましょう。

報告書掲載の他の情報も同じ手法で可視化してみると、入所・泊まり・居住系の職場には、仕事のやりがいを感じている職員が少ないなどのネガティブな感情が存在していることが見て取れます。テクノロジーを導入しても、「採算の改善につながらない」「利用者の社会参加につながらない」など、ネガティブな導入結果も示されています。見守り支援機器を導入しても定時訪室は継続するなど、テクノロジー導入が業務習慣の変容につながっていない実態も見て取れます。

訪問系では、自分の専門性を発揮できている職員が少ないこと、利用者のペースに合わせた介助ができている職員が少ないなどの傾向が見て取れます。職員確保につながっていないなど、テクノロジー導入のネガティブな結果も示されています。

通所系では、テクノロジーを導入したものの使用頻度が少ないまま推

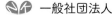

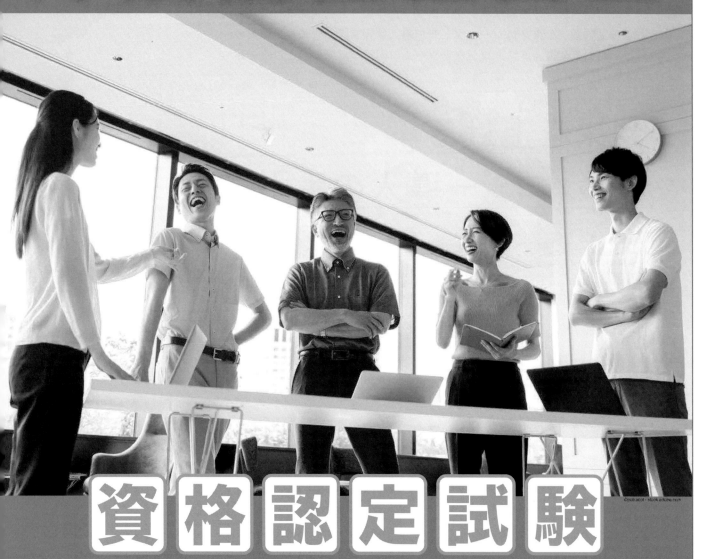

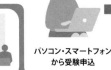

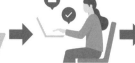

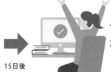

■ 介護福祉経営士 資格認定試験の出題科目等

等級	科目（大項目）
介護福祉経営士 １級資格認定試験 （全50問／80分） ◆受験料： 10,400円	**介護福祉経営学 実践Ⅰ** ■科目（中項目） 介護福祉経営概論 介護福祉コミュニケーション 事務管理／人事・労務管理 介護福祉財務会計
	介護福祉経営学　実践Ⅱ ■科目（中項目） 組織構築・運営 介護福祉マーケティングと経営戦略 介護福祉ITシステム リハビリテーション・マネジメント 医療・介護福祉連携とチーム介護 介護事故と安全管理 リーダーシップとメンバーシップ、モチベーション
	総合問題

等級	科目（大項目）
介護福祉経営士 ２級資格認定試験 （全40問／60分） ◆受験料： 9,000円	**介護福祉経営学　基礎Ⅰ** ■科目（中項目） 介護福祉政策概論 介護福祉経営史 介護福祉関連法規 介護福祉の仕組み 高齢者介護と介護技術の進歩 介護福祉倫理学
	介護福祉経営学　基礎Ⅱ ■科目（中項目） 医療を知る 介護報酬制度／介護報酬請求事務 介護福祉産業論 多様化する介護福祉サービス

※「介護福祉経営士１級」に認定されるまでには、別途「実践研修」の修了が必要になります。

■ 会員種別と会費・会員特典

会員種別	入会金	会費（年額）	特典
個人正会員	**5,500**円	**10,500**円	▶本会主催の情報交換会等への招待 ▶本会主催セミナーの参加割引 ▶支部研究会の参加のご案内（※参加費用別途）
学生会員	**無料**	**無料**	▶共通特典の一部に限定
法人正会員※ ※入会金はAまたはBの条件のうち金額が高いものを適用する ※AまたはBの条件に該当しない法人・団体等の入会金は、一律105,000円とする	【A】 ①**105,000**円 （指定介護保険事業所の数が10以上） ②**52,500**円（同5以上） ③**31,500**円（同5以下） 【B】 ①**210,000**円 （資本金１億円以上） ②**105,000**円 （同3,000万円以上） ③**52,500**円 （同3,000万円未満）	**10,500**円 × 「介護福祉経営士」 登録人数分	▶「介護福祉経営士」資格認定試験合格者の資格認定登録における個人の入会金（5,500円）を免除 ▶本会主催セミナーの招待または参加費割引 ▶支部研究会の参加のご案内（※参加費用別途） ▶本会発行物への広告掲載の優待 ▶本会ホームページにて法人名を紹介 ▶提携セミナーの参加費割引
賛助会員	**無料**	**110,000**円 （一口）	▶セミナー等本会主催イベントでのチラシ・パンフレット配布協力 ▶本会主催セミナー等で展示設備がある場合の優先案内 ▶本会発行物への広告掲載の優待

【個人正会員】
▶会員証の発行
▶情報誌『介護福祉経営士ニュース』の購読（月刊）
▶介護福祉経営士情報誌『Sun』の購読（季刊）
▶本会推薦図書の割引提供（20%割引）
▶法人会員の求人情報の提供（情報誌等にて／不定期）

【「介護福祉経営士」登録の更新について】
※個人正会員、および法人正会員で法人を通じて登録している「介護福祉経営士」について、資格認定期間は３か年とする。
※資格認定登録の更新に要する手数料は11,000円とする。

【法人正会員の特典について】
※送付物は本社等に一括送付とする。
※法人正会員および法人正会員を通じて登録している「介護福祉経営士」が正会員として有する権利は、当該法人が会員登録している期間に限る。
※会員登録している法人を退職・卒業等で離脱した「介護福祉経営士」が、会員活動の継続を希望する場合は、個人正会員として再入会することを認める。

Vision News

株式会社エヌ・ティ・ティ・データ経営研究所

外国人介護人材の獲得・活躍に関する研究の取り組みを一斉に報告

在留者は過去最多　予算を拡充した事業も

株式会社エヌ・ティ・ティ・データ経営研究所は6月14日、「令和5年度厚生労働省老人保健健康増進等事業・社会福祉推進事業『調査研究事業　合同報告会』」を開催した。

これは、2023年度に複数の団体・企業が実施した、外国人介護人材政策に関連する国の補助事業である「老人保健健康増進等事業」「社会福祉推進等事業」の調査研究結果や成果物等を、各事業者が報告するもの。行われた調査研究の内容は、外国人介護人材の就労実態や、国家資格取得の現状など多岐にわたる。登壇したのは同社のほか、みずほリサーチ＆テクノロジーズ株式会社、三菱ＵＦＪリサーチ＆コンサルティング株式会社、一般社団法人シルバーサービス振興会、一般社団法人グローバルカイゴ検定協会、公益社団法人日本介護福祉士会の6事業者。

初めに、厚生労働省社会・援護局福祉基盤課福祉人材確保対策室の本間隆氏が、「外国人介護人材支援に係る取組と事業の概要」について講演した。介護分野の特定技能外国人在留者数は、受入れを始めた2019年以降増加傾向にあり、今年2月末の時点で約3万人と過去最多となったことを報告した。また、外国人介護人材確保の関連予算事業では、入国支援や定着支援なども次々実施しており、「介護技能評価試験等実施事業」や「介護の日本語学習支援等事業」など、予算を拡充しているものもあると語った。

訪問系サービスでの受入れ　過半数が「難しい」と回答

みずほリサーチ＆テクノロジーズ株式会社は、「外国人介護人材の就労実態に関する調査研究事業」と「外国人介護人材の帰国後等活動状況のフォローアップに関する調査研究事業」の研究結果を報告した。前者では、訪問系サービスを提供する事業所を対象に行ったアンケート結果を紹介。外国人材の受入れ可否を訊ねたところ「要件に関わらず、訪問系サービスでの受入れは難しい」と答えた割合が6割程度とし、その理由として、対応のフォローができない点や心理的負担などを挙げた。後者では、技能実習修了者に修了後の進路等を訊ねるアンケートについて、「日本で生活を続けている」と答えた割合が6割程度だったと説明した。

株式会社エヌ・ティ・ティ・データ経営研究所は、「外国人介護福祉士の活動実態に関する調査研究事業」「地域の外国人高齢者に対する外国人介護人材の役割に関する調査研究事業」「海外における外国人介護人材獲得に関する調査研究事業」を発表した。活動実態では、外国籍の介護福祉士を対象にアンケートを行い、その結果から活躍のために必要な支援や配慮として、「相談しやすい環境づくり」や「国家試験対策の支援」などを挙げた。

外国人高齢者については、実際に支援を行った事業所の事例を話したうえで、母語を話せる場合は「外国人高齢者に安心感を与え、適切な支援につながりやすくなる」と話した。海外の人材獲得では、受入国・送出国双方の文献・ヒアリング調査を行ったことで明らかになった課題を踏まえ、日本が取るべき対応策案として「受入れルートの多様化」や「情報発信・伝達ルートの確立」などを示した。

プログラム

分類	内容 / 事業名	登壇者
	外国人介護人材支援に係る取組と事業の概要	厚生労働省社会・援護局福祉基盤課福祉人材確保対策室
老健	外国人材の就労実態に関する調査研究事業	みずほリサーチ＆テクノロジーズ株式会社
老健	外国人介護福祉士の活動実態に関する調査研究事業	株式会社エヌ・ティ・ティ・データ経営研究所
老健	地域の外国人高齢者に対する外国人介護人材の役割に関する調査研究事業	株式会社エヌ・ティ・ティ・データ経営研究所
老健	外国人介護人材の帰国後等活動状況のフォローアップに関する調査研究事業	みずほリサーチ＆テクノロジーズ株式会社
老健	海外における外国人介護人材獲得に関する調査研究事業	株式会社エヌ・ティ・ティ・データ経営研究所
老健	外国人介護人材の介護福祉士国家資格取得に向けた指導者養成の在り方に関する調査研究事業	三菱 UFJ リサーチ＆コンサルティング株式会社
老健	外国人介護人材キャリア育成手法の現場実践による効果性に関する調査研究事業	一般社団法人グローバルカイゴ検定協会
社福	在留資格「介護」の実態把握等に関する調査研究事業	公益社団法人日本介護福祉士会
社福	介護職種の技能実習評価試験における課題等の検証に関する調査研究事業	一般社団法人シルバーサービス振興会
その他	介護の日本語学習支援等事業	公益社団法人日本介護福祉士会

※老健：老人保健健康増進等事業、社福：社会福祉推進事業

三菱ＵＦＪリサーチ＆コンサルティング株式会社は「外国人介護人材の介護福祉士資格取得に向けた指導者養成の在り方に関する調査研究」について説明。外国人介護人材研修支援事業の「指導者養成研修」「外国人教育者チームの派遣」のモデル事業を行ったことを報告した。

外国人材の育成方法や活躍事例などを講義

一般社団法人グローバルカイゴ検定協会は「外国人介護人材キャリア育成手法の現場実践による効果性に関する調査研究事業」を実施。同協会が手がけた成果物「外国人介護人材といっしょに、わかりあう・学び合うプログラム」の仕組みと活用方法について語った。

公益社団法人日本介護福祉士会は「在留資格『介護』の実態把握等に関する調査研究事業」と「介護の日本語学習支援等事業」を報告。前者では、当該介護職員や担当責任者を対象にしたインタビューの結果から、外国人介護職員の活躍事例やキャリアパスなどの支援方法をまとめたガイドブックを作成したことを紹介した。後者では、介護の日本語学習を自律的に行うための環境整備によって、外国人介護人材の円滑な就労・定着を目的としていることから、Ｗｅｂコンテンツの開発やテキスト作成を行ったことを話した。

一般社団法人シルバーサービス振興会は「介護職種の技能実習評価試験における課題等の検証に関する調査研究事業」を報告し、技能実習指導員へのアンケート調査の結果について、「評価試験が適正に運用されている」と話した。

最後に、一般社団法人グローバル価値共創研究所の翁川純尚氏が挨拶し、「今回発表された研究事業は特性上重なる部分もあるが、それぞれの地域特性も鑑みながら自事業所での活用を考える際のヒントになれば」と総括した。

報告会のアーカイブはこちらから

Special Seminar Report

特別セミナーレポート

パナソニック ホールディングス×日本医療企画　共催

高齢者の生活を支える「医療・介護のデータ利活用」

― 高齢者とスタッフ双方のQOLを高めるために ―

神内秀之介
ふくしのよろずや神内商店
代表

袴田義輝
HITOWA ケアサービス株式会社
代表取締役社長

山岡 勝
パナソニック
ホールディングス株式会社
スマートエイジングプロジェクト
総括担当

高橋 肇
社会医療法人高橋病院
理事長

介護の質を高め、かつ業務負担の軽減に向け、データを活用する動きが目立っている。2024 年度介護報酬改定でもデータ活用を念頭に置いた「科学的介護」を後押しする評価項目が並び、「介護 DX」は今や国策クラスの取り組みと言っていいだろう。一方、そうした動きに先行するかたちで、「ライフレンズ」という見守り支援システムを導入し成果をあげつつある事例も出てきた。そうした取り組みの推進役であるパナソニック ホールディングス株式会社と、株式会社日本医療企画はこのほど、「データ利活用」が介護・医療にもたらす変革をテーマにしたセミナーを開催した。ここではそのダイジェスト版をレポートする。

○基調講演

高齢者の生きがいにつながる医療・介護データ連携

高橋 肇
社会医療法人高橋病院理事長

“「何をしたか」と「アウトカム」をつなげ、「健康寿命」を伸ばす”
──高橋

高橋病院は1894（明治27）年に開業、今年で130年を迎える。「暮らしを支え未来に貢献するTakahashiグループ」を掲げており、そこでは「生涯カルテ」が必要であるとの認識から、連携ネットワークの構築を視野に、ICTの活用にも取り組んでいる。

21世紀の医療では、高齢者が障がいを抱えながら「生活復帰」することに主眼が置かれ、医療も地域完結型の「治し支える医療」が求められるようになった。情報共有の手段は地域医療情報連携ネットワークやオンライン資格確認ネットワークシステムが求められ、そこで扱う情報も「生活史」が非常に重要になっている。価値観、生きがい、ウェルビーイング、主観的健康観、ACPなど、本人の思いをどう共有し、つなげていくかが重要なのだ。

医療介護連携によるデータ解析はICTの世界で置き去りにされている部分でもある。NDB（医療保険）からは「何をしたか」すなわち「提供された医療内容」がわかるし、介護データベース（介護保険）からは「アウトカム」、すなわちその人のADL、IADL、認知症など現在の「生活状況」がわかる。この2つを掛け合わせることで、「何をしたか」と「アウトカム」をつなげ、「健康寿命」を伸ばすことに役立てることもできる。

当法人では主に情報共有プラットフォームとして、地域医療連携ネットワークシステム「ID-Link」、法人内情報共有ツール「ICFシート」、医療介護連携モデル「はこだて医療・介護連携サマリー」を活用している。

「ID-Link」には介護施設も参加しているが、これによって栄養管理モニタリング、リハビリテーション総合実施計画書、医療福祉相談室情報提供書など、病院側からの情報の把握が容易になるといった利点がある。

「ICFシート」は個人因子、環境因子も把握することを念頭に置いているが、その共有にあたっては、「ID-Link」に搭載し、地域で患者さんをリアルタイムで追跡できることを重視している。

「はこだて医療・介護連携サマリー」は医療と看護の前方連携・後方連携を構築するもので、「函館市医療・介護連携支援センター」が主体となって運用している。2017年に函館市医師会がスタートさせたもので、看護師会、薬剤師会、居宅介護支援事業所連絡協議会など13団体が参加している。基本ツールには身体・生活機能、生活支援情報などが盛り込まれている応用ツールと、褥瘡管理などを記載する応用ツールがある。

情報は、「知りたいこと、必要なことを、苦労することなく、いつでも、リアルタイムに入手できる」ことが重要だ。さらに言えば、患者・利用者が情報の中心にいることも強調しておきたい。

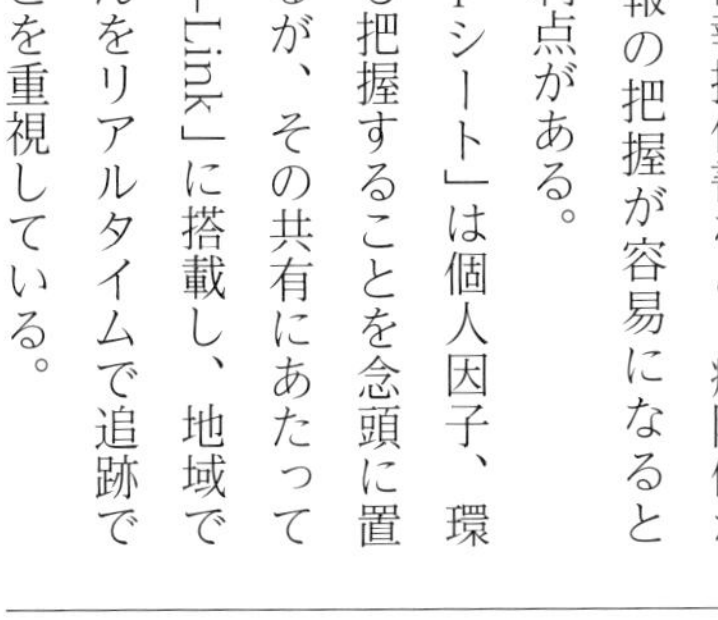

© japolia - stock.adobe.com

○特別セミナー

「ライフレンズ」とデータドリブン介護の取り組み

山岡 勝
パナソニック ホールディングス株式会社
事業開発室スマートエイジングプロジェクト総括担当

高齢者施設向け介護業務支援サービス「ライフレンズ」は、見守りシステムの一つだが、見守り業務支援による生産性向上だけでなく、センサーから得られるデータに基づいてご利用者様の状態を把握し、ケアの質向上に貢献することを視野に入れている。

仕組みは、ベッドのマットレスの下にセンサーを配置し、睡眠や離床のリズムのほか、心拍レベル、呼吸レベルなどのバイタル情報も取得するというものだ。また映像センサーもありリモートによる映像確認はもちろん、ベッドにいない時のご利用者様の状況についても把握できる。

> “人による見守りが
> 「点」であるのに対し
> 蓄積されたデータは
> 「面」での状態把握といえる”
> —— 山岡

業務支援について述べると、夜間の見守りや安否確認などの巡視業務の負担は大きく軽減される。スタッフが1～2時間おきに定期巡回して安否確認し、ご利用者様の状態を記録するといった業務の流れが一般的だが、「ライフレンズ」はご利用者様の状態はもとより、バイタルレベル情報まで閲覧可能にしているので、あえて訪室してまで安否確認をする必要がなくなる。転倒リスクについても、在床状態についてもモニタリングしており、離床の手前の段階でアラートを鳴らすことも可能。パソコン、スマートフォンの活用、ナースコールなどとの連携も可能だ。これによって業務負担の軽減はもちろん、訪室によるご利用者様の睡眠の妨げを軽減する効果も期待できる。

ケアの質向上については、「いつもとの違いをスコア化し、先送り、見逃しによるご利用者様の重度化を防ぐ」が基本的な考え方で、私たちは「データドリブンによる介護」と呼称している。現在、HITOWAケアサービス様をはじめとする介護事業者様と協働で用途拡大や改善すべき点の追求に努めている。

センサーから得られるデータを蓄積することで、睡眠を含めた24時間の生活リズムを把握できる。人による見守りが「点」であるのに対し、「面」での状態把握と言い換えることができるが、これをケアに活かすのだ。

24時間のうち、ベッド上で過ごした時間、さらに離床・臥床時間、ベッド以外で過ごしている時間をグラフによって確認できる。たとえば1日の半分以上をベッド以外で過ごしていた人が、ある日を境に臥床時間が長くなる、つまりベッドから起き上がれなくなっている——といったことも定量的に把握できる。さらにベッド上の状態も可視化できるので、ベッドの上にいるけれども寝ている時間は短縮しているなどの変化も認識できる。

ある疾患で入院したケースについて、データを見ながら、入院発生のどのくらい前から有為性をもった違いが出ているかを確認する取り組みも始めている。インシデント発生日から振り返って検証し、「3日前に大きな反応があった」「反応の始まりは7日前に起きていた」といった異変データをグラフ化し、可視化するのだ。心不全で入院に至ったケースでは、10日前から平均呼吸数に変化が出ているケースもあった。「いつもとの違い」に着目することで、当該の心不全は突然発症したというより、緩やかに状態が悪化していたと理解できるわけだ。

これらに基づいて、たとえば呼

吸にばらつきがあることを確認できれば、介護スタッフや看護師は心不全を疑うための根拠となるデータを入手し、それに基づいて重症化する前に医療機関にご利用者様を連れていくといった、重症化前の対処も可能になるだろう。医学的なデータではないが、こうした対応は十分可能なのだ。

現在、当社ではこの仕組みを用いて、リハビリテーションによる廃用症候群の予防にも挑戦している。重症化防止、さらには自立支援につなげることができると考えている。今後、日本だけでなく世界に通じる活動に発展させていきたいし、ぜひ皆様と連携していきたいと思う。

○講演1

HITOWAケアサービスがめざすデータドリブン経営

袴田義輝
HITOWAケアサービス株式会社代表取締役社長

HITOWAグループは、「家族とくらしを支える新たな価値を創造し、「感動と満足」を提供しつづけます。」を経営理念に掲げ、生活総合支援サービスを提供している。具体的には、幼児教育事業として保育園を運営し、家事支援サービスとして全国展開している「ハウスクリーニング「おそうじ本舗」等を手がけ、また、高齢者向けの事業として、全国に約140施設の有料老人ホーム「イリーゼ」を運営し、訪問鍼灸マッサージ「KEiROW」のサービスも提供している。

HITOWAケアサービスでは2018年に、団塊世代を中心とした超高齢社会に向け、「QOL（クオリティ・オブ・ライフ）」に特化した事業理念を策定し、これにより、顧客が実現したい個別のQOLを理解し、従来の介護サービスの枠にとらわれない「＋1Care（プラスワン・ケア）」の提供をめざす取り組みを行っている。

現在、介護業界は未曾有の超高齢時代に突入しており、業界にとってこの過酷な状況を乗り越えていくためには、従来の見方や考え方を根本から覆すパラダイムシフトが必要である。介護の現場では、従来のやり方が通用しなくなり、新しい方法や視点が求められているのだ。こうした背景から、経営方針や戦略をデータとその分析に基づいて進める「データドリブン経営」をキーワードに掲げ、さまざまな取り組みを行っている。事実を捉え、それをデータとして扱うことが、今後の介護業界において非常に重要になる。

HITOWAケアサービスでは定性評価から定量評価への置き換えを進め、約90の指標を設けてKPI（重要業績評価指標）管理を行っている。またプロセス評価からアウトカム評価への移行、業務のデジタル化（例：帳票類の電子データ化）なども推進している。

次世代の介護を支える人たちがもっと助かるように
―― 袴田

最大のテーマは、マンパワーの問題をテクノロジーの活用によって解決することである。これまでの人海戦術から省力・省人化への挑戦というわけである。その挑戦を支えるための設備投資やシステム導入に積極的に取り組み、これまで施設全体のWi-Fi導入、介護記録の電子化、パナソニックとの協業による見守りシステムや服薬支援システムの構築など、デジタル変革を積極的に推進しているが、何より重要なのは介護スタッフの負担が軽減し、より質の高いサービスを提供することが可能となっているかどうかという評価＝事実である。そのデータドリブンのアプローチを通じて、事実

Case Report

高機能化を追求した旗艦施設「イリーゼ南柏・別邸」オープン

HITOWAケアサービスは地域との共生と、高機能化を追求した旗艦施設「イリーゼ南柏・別邸」（千葉県流山市）を5月1日にオープンした。高い耐震性能と安全性を有する鉄筋コンクリート造の施設は、自然災害や火災に強く、機密性に優れた建物は日常生活を快適にする機能が備わっている。

災害時には太陽光発電やガス発電で電力を確保し、停電時でも医療機器や照明、エレベーターなど施設運営には欠かせない機能を約3日間持続することができる非常用の発電設備を備えている。貯水タンクには日常使用量の2倍の水量を確保できる。また、流山市と連携し災害時の福祉避難所として協定を締結するなど非常時には地域住民にも対応するほか、通常時は地域の方を対象としたイベントや勉強会などで利用できるスペースとして「地域交流スペース」も設けられ、「地域共生型・災害対策強化型ホーム」としての役割を担う。

さらに、医療的ケアのニーズが高い方たちに対する医療的サポートを担う訪問看護ステーションを併設し、1階のナーシングケアフロアにて難病指定等を有する方の対応ができる体制を構築。看護師が部屋を訪問し、主治医の指示に基づいたバイタルの測定や、病状のチェックなどを行い、カテーテルやドレーンチューブの管理、リハビリテーションといった医療従事者しか行えない処置も可能だ。共有スペースには加湿空気清浄器や紫外線空気清浄器を導入し、昨今の感染症蔓延等に配慮し安心して過ごせるよう空間除菌を行う。

エントランスには植物や自然音を取り入れ、自然を感じる癒しの空間を演出する「COMORE BIZ」を導入し、ウェルビーイングにつながる心地よい空間づくりも行っている。

「新しい取り組みで“老人ホームの役割”を追求していきたい」と小久保康史執行役員は語る。

一方、さまざまな介護テクノロジーを積極的に導入し、入居者のQOLの向上やスタッフの負担軽減にも取り組んでいる。見守り業務においては、パナソニックホールディングスが開発した見守りシステム「LIFELENS」を導入。ベッドセンサーではベッド上の入居者の心拍レベル、呼吸レベル、睡眠の状況を捉え、映像センサーではベッドから離れた後の入居者の動きを映像でリアルタイムに確認できる。

スタッフはスマートフォンやパソコンから居室内の入居者のリアルタイムの状態や過去の蓄積されたデータを確認することができるため、安心安全な見守りにつながっている。また、間違った「人」や「時間」に薬を渡してしまう誤薬事故の防止を支援する「服やっくん」を導入し、ヒューマンエラーの防止やスタッフの安心感の向上を実現している。

受付には受付システム「レコ楽くん」が設置されており、何度も同じ内容を記録しなければならない「面会簿」をデジタル化し、受付業務の効率化やペーパーレス化にも取り組む。

「今後は、目の前の課題解決や“今”の状態の把握だけにとどまらず、データを活用してサービス品質向上や新たな価値の創出につなげていきたい」と事業連携部の古作麻友子氏は話す。

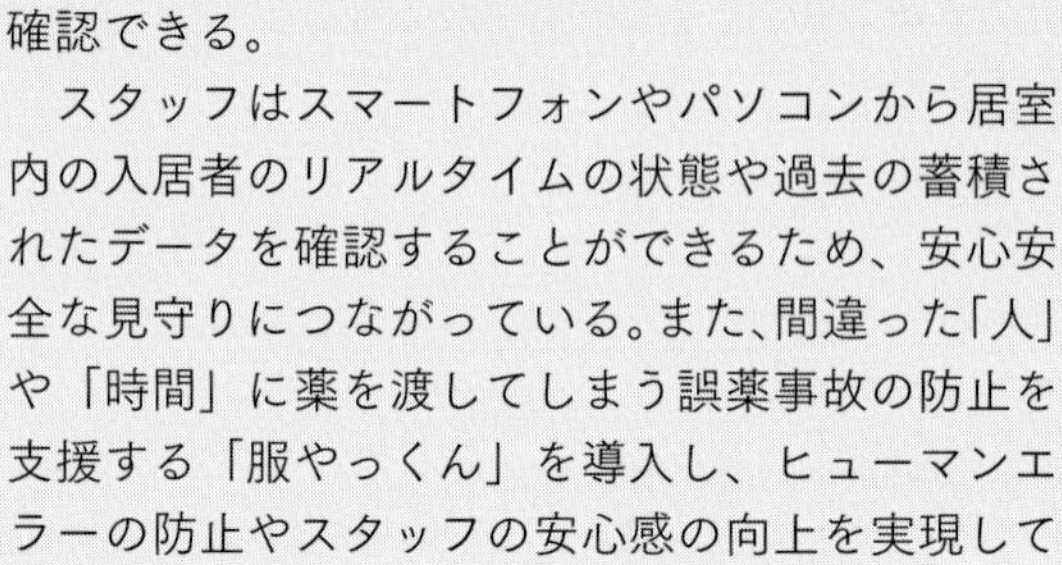

を正確に捉え、適切な対策を講じることが肝要と考えている。

新たなデジタルテクノロジーへの投資は費用対効果の視点ではなく、やらざるを得ないという問題意識をもって取り組んできた。まさに今、次世代への備えを重視し、次世代の介護を支える人たちがもっと助かるようにとの意思をもって取り組まなければならないと考えている。そのため、業務別時間分析や運営動線の課題などを通して問題解決に努め、突発的な業務対応も現場の大きな課題と位置付け、データやテクノロジーの活用による事故や急変の予防・抑止にも注力している。

最後にデータドリブン経営を実践し、次世代の介護サービスの質を向上させるために、引き続きデジタル変革を推進していきたいと考える。今後も新たなテクノロジーの導入やデータ分析の深耕を通じて、顧客のＱＯＬ向上をめざし、介護業界の未来を切り拓いていくつもりである。業界全体でより良い未来を築くために努力していきたい。データドリブン経営によって介護業界全体が持続的に成長できると信じている。事実を捉え、それを基に行動することが、成功への鍵となるだろう。

○講演2

介護事業者の求められるデータ利活用の実践

神内秀之介
ふくしのよろずや神内商店代表

介護・福祉の分野でもＤＸの話が出ているが、多くの介護現場は介護記録のデジタル化に向けて介護ソフトを導入するといった段階で、「デジタイゼーション」と呼ぶことができる。現場の記録がアナログのままでは次に活かすことは難しいが、デジタル化できれば、データをもとに、介護の仕方、現場でのオペレーションを変えていけるようになる。現在は、「デジタライゼーション」という次のステージへのステップアップに向けて、波が来ている状況だと思う。

介護・福祉の現場そのものが変わっていく「デジタルトランスフォーメーション（ＤＸ）」に進むには、主体となる人たちの変革も意識する必要がある。これまでの介護は「お世話型介護」で、人の手がかかるスタイルを前提とし、スタッフ数の確保も必要で、退職者が出た場合は補充するという発想が基本的にあった。しかし今後、データ活用が進み、ご利用者様やご家族と共有することで、自分のデータをもとに、自分の望む介護を選択するというふうになると、介護自体が「専門職による支援」に変わっていく。

介護のあり方自体が変わるということは、単にデータのデジタル化にとどまらず、介護の文化が変わり、専門職の立ち位置も変わるわけで、今提供している介護ではない形にまで変革することが「ＤＸ」なのだ。もしかしたら、「介護をしないこと」も介護ＤＸの一つとなるかもしれない。

介護事業所のＩＣＴ化によって、効率的な業務運営、介護の品質の担保も期待できる。職員の負担軽減、時間外労働の削減も視野に入る。ひいてはサービスの提供体制の見直し、介護予防や自立支援を通じた生産性向上、品質向上にもつながるのではないか。

> DXに進むには、
> 主体となる人たちの
> 変革も意識する必要がある
>
> ——神内

第２特集

“あたたかいケア”を生み出す源

介護職員の「こころ」を磨く

利用者に安心して過ごしてもらうためには、
ケアの「技術」が必要なことは言うまでもないが、
本当にそれだけで成立するのだろうか。
相手を思いやる「こころ」や、
わずかな変化に気づく「感性」もまた、
介護職員には重要と言えるはずだ。
しかし、技術やマネジメントの教育は行われていても、
「こころ」や「感性」を育てる機会はなかなかない。
介護職員が身に付けておきたい「こころ」とは何か、
どうすれば育てられるのか追究する。

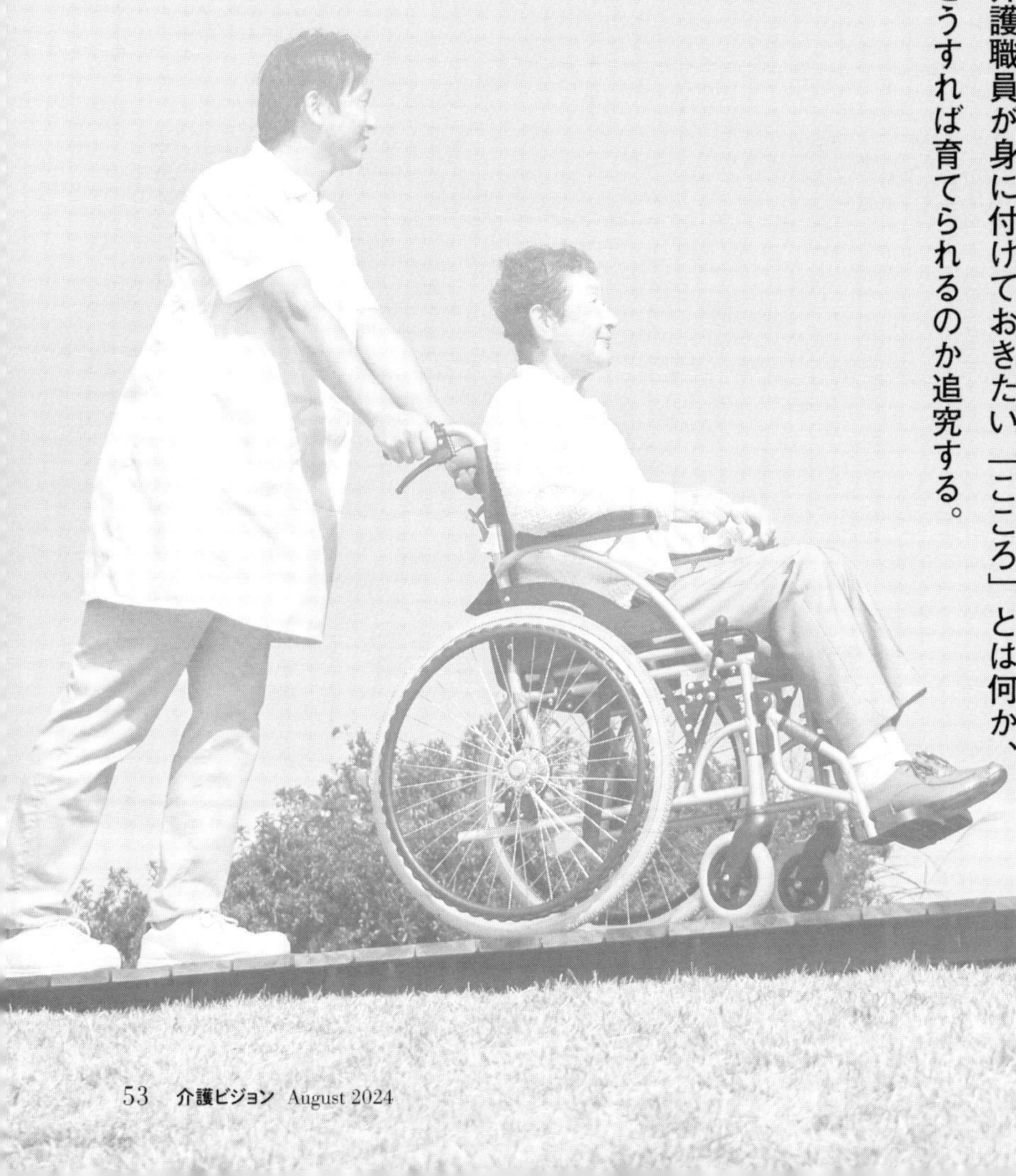

© siro46 - stock.adobe.com

Introduction

平たく言えば「相手のことを深く考えられるか」に尽きるのかもしれない

そもそも「感性」とは何か。
なぜ介護現場でも求められているのか。
介護職員を対象にした調査結果などから考えてみる。
（編集部）

「感性」とは一体何物なのか

「介護職に必要な要素」と聞かれたら、何を思い浮かべるだろうか。安全に介助を行うための「技術」だろうか。はたまた、ADL等のデータを正確に読み解く「知識」だろうか。

もちろん、どちらも業務を行ううえではとても大切な要素だ。しかし、その二つがあるから「本当に良いケア」を提供できる――とはどうも言い切れない。介護職に必要な要素としてもう一つ挙げるとするならば、「感性」になるのではないか。

そもそも、「感性」とはどのような要素なのか。辞典で調べてみると、次のように記されている。

①物事を心に深く感じ取る働き。感受性。「～が鋭い」「豊かな～」
②外界からの刺激を受け止める感覚的能力。カント哲学では、理性・悟性から区別され、外界から触発されるものを受け止めて悟性に認識の材料を与える能力。
（出典：デジタル大辞泉（小学館））

「あの人は感性が豊かだ」という言葉を聞いたことがあるかもしれない。この場合は「物事を深く感じとる働きが十分にある」ということを指す。感性が豊かだと、一つの物事を多方面から受け取ることができ、想像も豊かになる。要するに、物事を受け止めたときの「心の動き」にポイントがあると言えるだろう。

似たような言葉に「感覚」があるが、感性は心で感じとるものに対し、感覚は主に五感で感じとるものを指している。

介護現場でも感性が必要な理由

では、介護現場でなぜ「感性」が重要と言われているのか。それは、「利用者が求めるものを汲み取る」必要があるからだ。人によっては、認知症などで伝えたいことがうまく言葉にできないこともある。そんなとき、介護職員がいかに汲み取ってあげられるかが重要になる。そして、そのときに感性を発揮することとなる。

反対に「感性」がなかったら……。日々の介助が「たんなるルー

表　利用者及びその家族についての悩み、不安、不満等（複数回答）

	(%)
利用者に適切なケアができているか不安がある	39.3
介護事故（転倒、誤嚥、その他）で利用者に怪我をおわせてしまう不安がある	24.1
利用者と家族の希望が一致しない	22.2
利用者は何をやってもらっても当然と思っている	19.7
利用者の家族が必要なサポート・理解をしてくれない	16.1
良いと思ってやったことが利用者に理解されない	13.7
（医行為以外で）定められたサービス以外の仕事を要求される	10.1
利用者の行動が理解できずに対処方法が分からない	8.4
利用者や、その家族との人間関係がうまくいかない	5.9
禁じられている医行為を求められる	2.5
その他	3.0
利用者及びその家族について特に悩み、不安、不満等は感じていない	21.7
無回答	3.1

出典：公益財団法人介護労働安定センター「令和４年度介護労働実態調査」（労働者調査）

ティンワーク」と化してしまい、利用者に寄り添ったケアにはならないはずだ。そうなってしまったら、利用者に安心してもらえる〝あたたかいケア〟にはならない。

「介護」という仕事は、以前から「感情労働」と分類されている。「感情労働」とは、業務を行う際に感情のコントロールや表現を求められる労働のこと。つまり、〝相手（利用者）〟が何を希望しているのか読み取るために必要な要素とも言える。

以前弊誌では、利用者や一緒に働く職員の変化を見抜く「観察力」について取り上げた。そのなかで「観察力」のことを「ありのままの姿を注意して見ること」と定義している。

確かに、ただ見ているだけでは「変化を見抜く」ことは難しい。よく見たうえで、何か変わったところはないかを探す。この「探す」際に感性が必要になる。

その一方で、利用者とのかかわりに対する悩みをもつ職員もいるようだ。公益財団法人介護労働安定センターが行った「令和４年度介護労働実態調査」の結果を見てみる（**表**）と、「良いと思ってやったことが利用者に理解されない」「利用者の行動が理解できずに対処方法がわからない」と答える職員がいることがわかった。

加えて、介護事業所では「感性」を磨く研修があまりメジャーではないという現状もある。そのことが「調査結果に直結した」と考えてしまうとあまりにも飛躍しているが、研修等で身に付けたことによって、悩みを軽くすることはできるかもしれない。

次ページに載せたインタビューでもうかがったが、技術だけあっても知識だけあっても「本当に良い介護」は成り立たない。そこに「相手を思う心」が備わってこそ「あたたかいケア」になるのだ。

Interview

“知識”と“技術”と“こころ”の3本柱があれば良い介護は生まれる

介護職員に求められる「こころ」や「感性」とは一体何なのか。どのようにすれば育てられるのか。岐阜県を中心に介護事業所での研修を展開するだけでなく、関連書籍の出版も手がけている合同会社小森塾代表の小森敏雄さんは「自分がされたらどう思うのか、体験してみることが大切」と語る。

〝介護のプロ〟としての意識を忘れない

私は普段、初任者研修や実務者研修など介護に関連したセミナーや、介護施設に赴いての研修で講師を務めていますが、そこでは「こころ」や「感性」を念頭に置いた研修をしています。

では、介護職に必要な「こころ」や「感性」とは具体的に何を指すのでしょうか。実際に教鞭をとるなかで強調していることが二つありますが、一つ目は「高齢者は人生の大先輩である」ということです。介護現場で長年働いているとご利用者との距離感が曖昧になり、どうしてもご利用者のことを「ちゃん付け」したり馴れ馴れしい態度で接したりなど、高齢者に対してふさわしくない対応が見受けられる現場もあります。そのため、高齢者の介助を「させていただいている」という意識を忘れないでほしいと伝えています。

二つ目は『自分がこの言葉遣いをされたらどう思うか』『自分の親にこのケアを提供されていたらどう感じるか』ということを考えられる感性が大切」だということです。介護施設でよくあることだと思いますが、どうしても距離が近くなってしまい、馴れ馴れしい態度になったり言葉遣いが乱れてしまったりしがちです。しかし、ケアを行う相手が「あなたのおばあさんではないですよ」ということを忘れてはいけないと思っています。対価をもらっているというところでは、介護の専門職として〝プロ意識〟をもち続けていなければならないと考えています。

〝介護の基本〟を学ぶ機会が減ってしまった

ここで挙げている介護職に必要な「こころ」や「感性」については、基本的には介護関連の専門学校や養成校の授業できちんと学ぶべきものですし、「介護の基本」などといった初任者研修の科目でも取り上げている内容です。しかし、最近は養成校の数が減少していますし、働きながら介護福祉士の資格を取得することが主流になってきています。最近では、初任者研修を受講せずに実務者研修を受ける人が、年々増えてきている状況なわけです。実務者研修では、通信学習で介護の基本や本質的な部分を修了とする学校がほとんどです。介護の養成校や初任者研修で本来学ばなければならない「基本」や「本質」の部分を学ぶ機会がない。その結果、、介護の基本的な部分である「こころ」や「感性」が今の介護現場で抜け落ちてしまった原因ではないかと推察しています。

　オムツ交換や移乗介助といった、技術面の研修は開催しても人が集まりやすいと思います。ただ、私はその前に声かけや目線を合わせるといった基本的な部分が大切だと考えていますので、技術面の研修の中に必ず「基本」を強調するようにしています。特にここ数年はコロナ禍ということもあり、対面での研修が難しいためにリモートで研修を行う機会も増えました。リモートですと情報は覚えられますが、ロールプレイや自分が実際に利用者役でされてみるという体験を得ることは難しい面があります。

　現在では、介護施設に訪問して身体介助などの研修を実施することがメインになりつつありますが、管理者のなかには職員の言葉遣いの乱れや尊厳の保持などに課題意識を覚える人が増えており、不適切なケアの廃止や接遇研修の実施を望んでいる方が少なくありません。前述したように、倫理的な部分を学ぶ機会や意識が不十分だったために、身体拘束や虐待にもつながってしまっているのであれば、とても憂慮すべき事態ではないかと感じています。

“不適切”とは何か 説明だけでなく体験する

　実際に行っている研修では、たとえば不適切ケアをテーマにした研修の場合、立ち上がろうとした人に「ちょっと待って」と大声で指示を出す「スピーチロック（相手の行動を制限する声掛け）」を生徒にやってみせるようにしています。命令口調で言ってみたり、目の前で排泄のことを話したりというふうに「見える化」するのです。「自分がされて嫌なこと人にしない」ということが本質だと思っていますので、場面を再現してみることで「普段の介護現場でもやってしまっている」と気づいてもらう機会になっています。ほかにも介護職が立ったまま食事介助を互いにさせ合ったり、紙おむつの上に紙パンツを履いてみたりと、実際に体験してもらうことを重視していますし、される側を体験できたからこそ腹落ちできる内容だと思っ

小森敏雄
Toshio Komori
合同会社小森塾
代表

フリーランス介護講師として2017年に独立し、「介護のプロを育てたい」「根拠を語れるプロを育てたい」という思いで、岐阜県を中心に資格取得講座、施設に出張しての研修会を実施。また、InstagramやYouTubeで介護の情報を発信するほか、「アップデート介護福祉士講座」を岐阜市や名古屋市で展開。主な著書は「介護のプロを育てたい」「介護現場のチームワーク」ほか

合同会社小森塾
●岐阜県揖斐郡大野町牛洞496
TEL 090-4794-0249
URL www.komorijuku.jp/

図表　感性を身に付けるポイントとメリット

01 「自分がされたらどうか」「自分の親にされたらどうか」を考える

02 実際に不適切ケアを体験してみる

03 自分のケアを振り返る

日々行ってきたケアが正しいか気づける

1
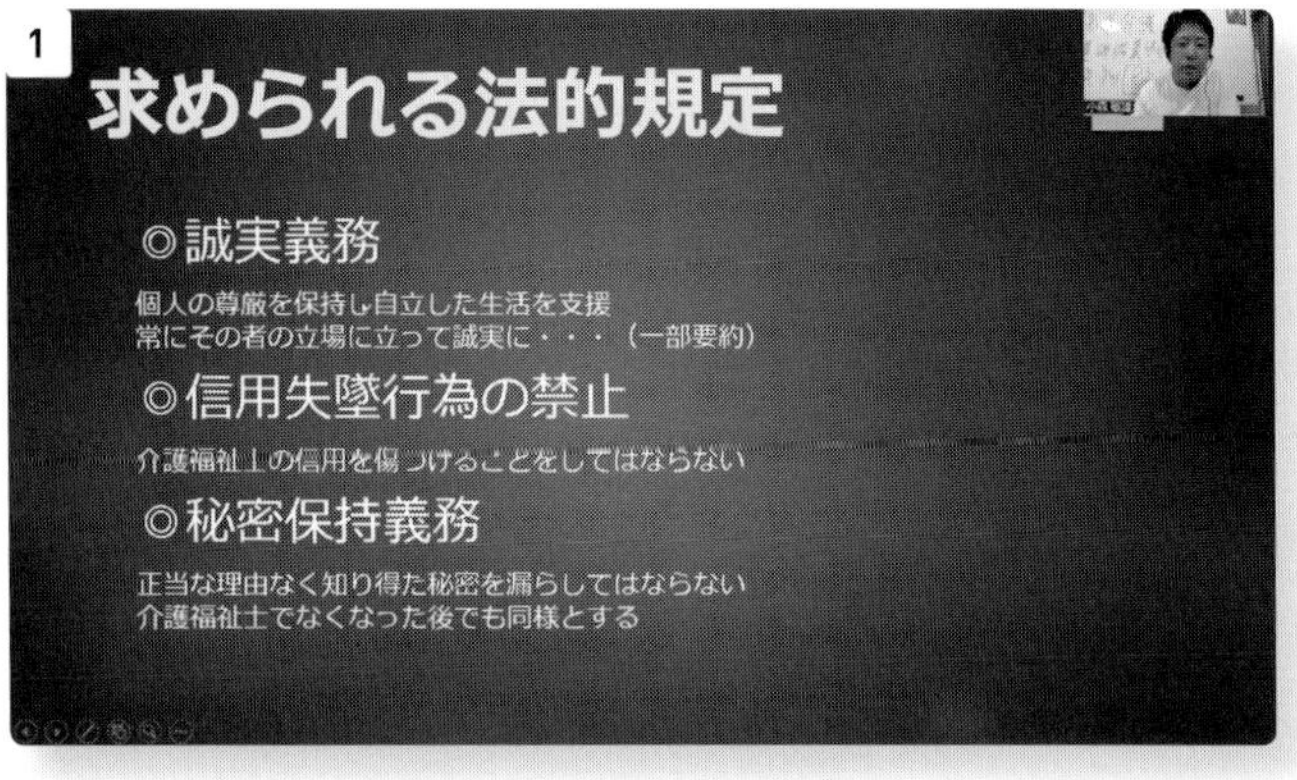
求められる法的規定
◎誠実義務
個人の尊厳を保持し自立した生活を支援
常にその者の立場に立って誠実に・・・（一部要約）
◎信用失墜行為の禁止
介護福祉士の信用を傷つけることをしてはならない
◎秘密保持義務
正当な理由なく知り得た秘密を漏らしてはならない
介護福祉士でなくなった後でも同様とする

2
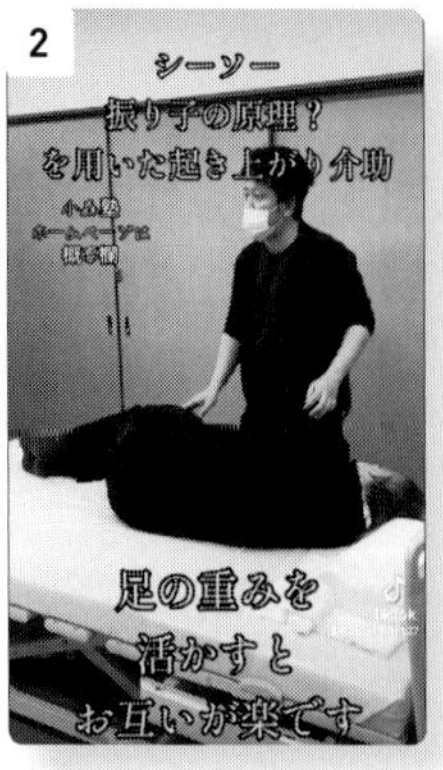
シーソー
振り子の原理？
を用いた起き上がり介助
足の重みを
活かすと
お互いが楽です

3
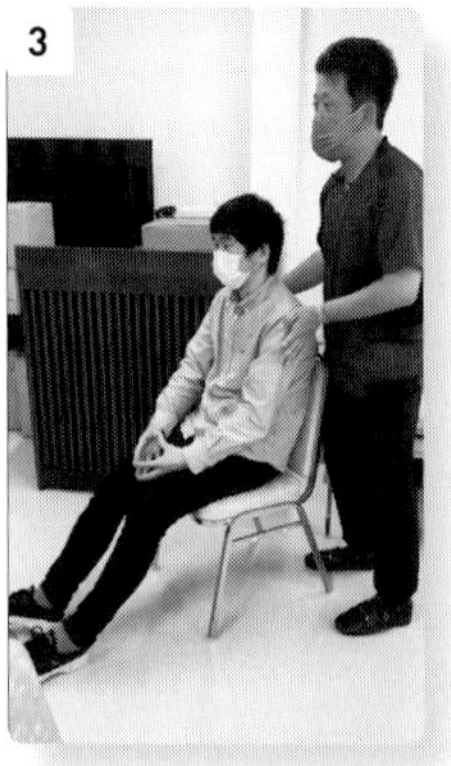

4
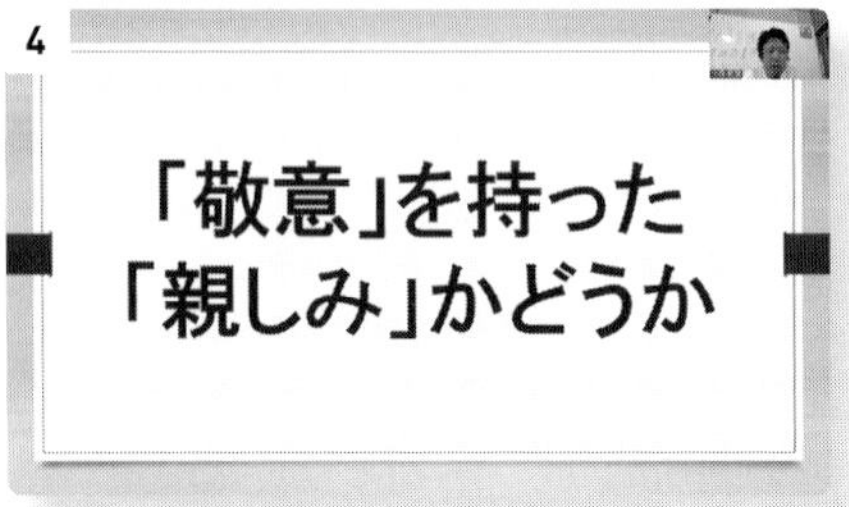
「敬意」を持った
「親しみ」かどうか

5
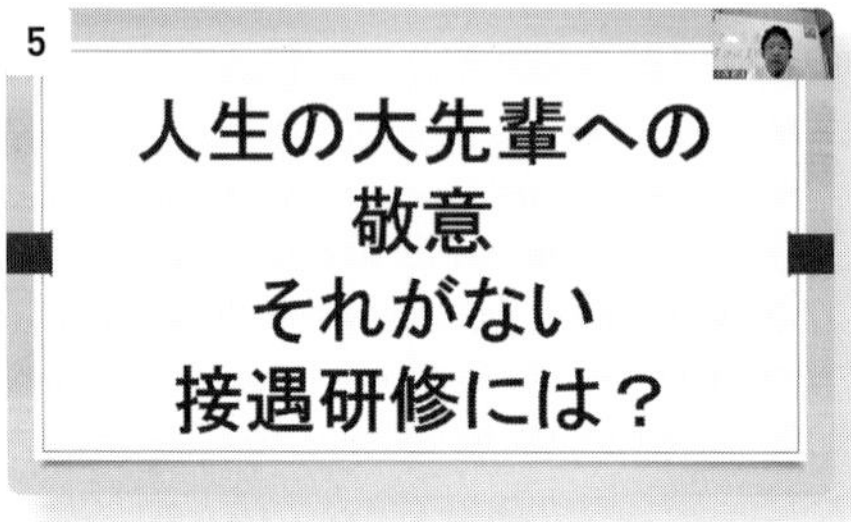
人生の大先輩への
敬意
それがない
接遇研修には？

photo1～5：YouTubeでは、実際に行っている研修の一部を公開

チャンネル「唯一無二の介護講師　小森敏雄」はこちら

ています。私が運営するYouTubeチャンネルで、不適切なケアの可視化の動画をアップします。よろしければご活用ください。

加えて、「根拠を伝える」ことも大切です。たとえば移乗介助の際に、ズボンを引っ張って持ち上げられたとしましょう。「されたら嫌ですよね」という精神論ではなく、なぜこの行為がいけないのか根拠を添えて説明すると納得してもらえます。

研修を受けた方からの反響として一番多いのは、「これまで知らずにやっていて怖いと思った」「『こころ』についてわかっているつもりでケアを行ってきたけど、全然わかっていなかった」といった声です。それに対して、「今日気づけたのなら明日から直せばいい」と伝えています。繰り返しになりますが、どの項目の研修を請け負ったとしても、基本と本質の部分を言い続けています。

「こころ」や「感性」を身に付けることができれば、自分自身の今の行いを振り返ることができるようになりますし、日々のケアが合っていたかを気づいてもらうきっかけにもなります。一方で、上司や管理者が適切なケアを理解していない、あるべき姿を理解していないというケースがあり、学びを現場に還元できない、間違っているけど言えないということにずっと悩まれている方もいました。そういった環境の要因として、リーダー層や管理者層が「基本的な部分を学んでこなかった」ということがあるのではないかと思います。悪気があるわけではありませんが、リーダーとしての適性があるかないかではなく、たんに「人がいないから」という理由でリーダーになったということが、要因の一つになっているのではないでしょうか。

ここ数年はコロナ禍だったということもあり、「外からの目」が入りづらかった点も、接遇や言葉遣いの乱れに影響を及ぼしたのではないかと思います。私自身も現役の介護職員だった頃、ご家族とのやり取りを通して接遇やご利用者への対応などを改めるきっかけになったことがあったので、外の目が入らないことをもったいないなと感じています。

現場での指導の「利用者」の名前を主語に

普段の業務のなかでも、ＯＪＴのように先輩職員が後輩職員を指導する場面があるかと思います。その際にも「その言葉遣いダメだよ」ではなく「自分がされたらどう思う?」「自分の親にこの言葉遣いをされたらどう思うか」というふうに問いかけてみるといいかもしれません。また、「あなたのケアは危ないよ」と伝えるよりも「○○さんにとって、その介助は不快に感じられてしまう」と〝ご利用者〟を主語にすると、納得してもらいやすくなるかと思います。もし、伝わらないようならば具体的に「これは不適切」と伝えるべきですし、「利用者を主語にする」方法は、ほかの職種とのコミュニケーションでも効果的です。

介護は、人手不足であり資格がなくても働ける業界のため、もしかしたら介護に向いていないのではないかと思われてしまうような人も、仕事に就いてしまう現状があります。だからこそ、入職したスタート時点で前述したような「こころ」や「感性」を身に付ける教育が本当に大切になるのです。そういった教育がきちんと行われている施設が、これから生き残っていくのではないかと思いますし、地域との交流もできるようになれば、地域から選ばれる施設になるのではないでしょうか。

「こころ」や「感性」といった本質的な部分の研修は、リーダー層や主任になる人には特に重要だと思いますし、現任者も学び直しが必要です。どうしても年数を重ねると基本的な部分を忘れてしまったり、これまでの方法に慣れてしまって麻痺してしまうことがあるのではと思うからです。だからこそ、「学び直し」と「更新」をしていただきたいのです。

ケアの知識も技術ももちろん大切ですが、そこに心も備わっていないといけません。いつも研修では「知識×技術×心」と伝えています。心がゼロなら全てゼロになってしまう。なので、この3本柱が揃ってこそ、本当に「良い介護」と言えるのではないでしょうか。

column
小森塾が出版した書籍（一部）

■ 122ページ
■ 定価 990円
（ペーパーブック）

book title
介護のプロに必要な「こころ」と「感性」

実際の研修で重点を置いている「こころ」について、介護職員として働いていた頃のエピソードをベースに盛り込んだ内容。現役の介護職員はもちろん、これから介護職員をめざす人、介護に興味をもった人……すべての人必見の一冊。

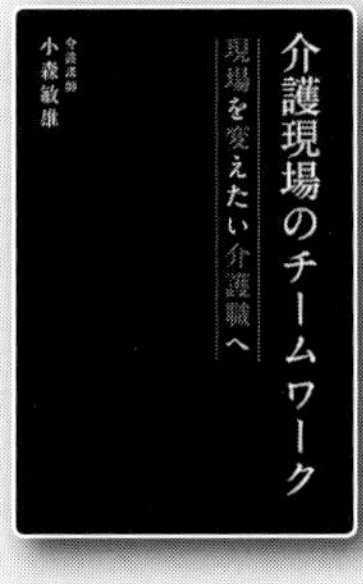

■ 90ページ
■ 定価 990円
（ペーパーブック）

book title
介護現場のチームワーク
～現場を変えたい介護職へ～

介護現場では、さまざまな役職・職種が一体となってケアを行うため、「チーム力」が「介護の質」を左右すると言っても過言ではない。本書では、実際に発生した事例や現役介護職にヒアリングした内容をもとに、多職種連携やリーダーに求められることなどをまとめている。

Information

NOTICE 6/25

厚生労働省

一本化された処遇改善加算 届出状況等を調査

厚生労働省は6月25日、第39回社会保障審議会介護給付費分科会介護事業経営調査委員会を開催し、「令和6年度介護従事者処遇状況等調査」の内容を示し、大筋で了承を得た。

2024年度介護報酬改定において、介護職員処遇改善加算、介護職員等特定処遇改善加算、介護職員等ベースアップ等支援加算が統合され、新たな介護職員等処遇改善加算に一本化された。今回の調査では施設・事業所に対し、この新加算の届出の状況(2024年度)を調べるほか、給与等の状況、一本化される前の介護職員処遇改善加算や処遇改善支援補助金の届出の状況(2023年度)、給与等の引き上げ以外の処遇改善状況などを調査する。

2024年度におけるベースアップや賃上げ促進税制の適用見込みなどを把握するため、新たな調査項目が追加される一方、新型コロナウイルス感染症の影響に関する項目は削除される。

調査は、特別養護老人ホームや介護老人保健施設、訪問介護、居宅介護支援事業所、通所介護、小規模多機能型居宅介護、グループホームなど幅広いサービスが対象となる。

今年10月に調査を行い、来年3月の社会保障審議会介護給付費分科会介護事業経営調査委員会で結果を公表する予定。

実施内容や調査票(案)はこちら↓

NOTICE 7/8

厚生労働省

介護情報基盤　2026年4月施行へ 介護保険部会で対応等の議論開始

厚生労働省は7月8日、第113回社会保障審議会介護保険部会を開き、介護情報の利活用を推進するために構築する「介護情報基盤」について、2026年4月の施行をめざして準備を進めていく方針を示した。

介護情報基盤については、これまでワーキンググループで検討が行われ、今年3月に中間とりまとめを公表。「要介護認定情報」「請求・給付情報」「LIFE情報」「ケアプラン」等について、利用者、市区町村、介護事業所、居宅介護支援事業所、医療機関で共有する項目の範囲を定めたうえで、システムの整備を進めていく。

この日の会合では、厚生労働省が介護情報基盤の仕組みや検討課題、今後の対応などを説明した。検討課題としては、▽本人同意の取得、▽介護事業所のセキュリティ対策、▽介護保険被保険者証のペーパーレス化を挙げた。これに対して委員からは、同意における本人や家族の取り扱いを明確にすることや、セキュリティ対策の徹底を求める声が上がった。

介護情報基盤が整備されれば、利用者は自らの介護情報をマイナポータル経由で閲覧できるようになる。委員からはこれについて、「認知機能に障害のある人にとってハードルが高くなる」「施設入所者には対応が十分にできない人が出る」などの指摘があった。

また、システム整備に伴うイニシャルコスト、ランニングコストについて、介護事業者の負担とならないよう十分な支援を求める意見も複数上がった。

REPORT 6/28

東京地下鉄株式会社

東京メトロ初の試み 未利用地を介護施設に

東京地下鉄株式会社は6月28日、7月1日にオープンした介護付有料老人ホーム「チャームスイート旗の台」の内覧会を開催した。

同社も一員である東京メトログループの不動産事業を手がける東京メトロ都市開発株式会社では、既存施設をリノベーションした物件の開発や、未利用地での新たなサービス提供に取り組んでいる。今回は、社員向け家族寮用地を同社グループ初の介護付有料老人ホームとして開発。株式会社チャーム・ケア・コーポレーションに運営を委託した。

施設内には、電車をモチーフにしたデザインをいたるところに使用。丸の内線で実際に使われていたレールの一部を展示したり、窓ガラス表面に貼る「衝突防止サイン」がレールの断面をモチーフにしたデザインだったり、丸の内線の車両に採用されているサインウェーブ（銀色の波模様）と線路形状図（線路の高低等を図式化した図）をイメージしたデザインを施した掲示板の設置と、遊び心満載のつくりになっている。

また、株式会社チャーム・ケア・コーポレーションが取り組んでいる若手アーティスト支援プロジェクト「アートギャラリーホーム」を、同施設でも実施している。

施設内には、実際に使われていたという鉄道用レールが飾られている

REPORT 7/1

SOMPOホールディングス株式会社

これまで培ったサービス・データから「ウェルビーイング」を実感できる社会へ

SOMPOホールディングス株式会社は7月1日、同社グループCEO取締役代表取締役社長の奥村幹夫氏とRIZAPグループ株式会社代表取締役社長の瀬戸健氏による、資本業務提携契約締結に関する合同記者会見を開いた。提携は、両社がこれまで培ってきたサービス・顧客基盤・データを連携させ、新たなサービスを開発・提供することで、健康寿命延伸に寄与することを狙いとする。

協業の具体像の一つとして、「新しい介護の提案」を提示。SOMPOケア株式会社の介護サービス利用者を対象とした「近隣chocoZAPの利用」のほか、chocoZAPのトレーナーを派遣する「重症化予防」や、利用者家族・職員向け特別優待などが構想に盛り込まれている。要介護者だけでなく家族や職員の「ウェルビーイング」にも寄り添った内容だ。

最後に瀬戸氏は、「提携によって新しいサービスが提供されることで、『運動』の再定義に挑戦したい」と意欲を見せた。奥村氏は「RIZAPグループがもつチャレンジングな精神は、プラスの効果をもたらすのではないか。難しい局面もあるかもしれないが、我々が掲げたビジョンを一緒に叶えていきたい」と強調した。

握手を交わす奥村氏（左）と瀬戸氏

Information

SEMINAR

不適切な言葉による拘束
「不適切ケアと スピーチロックへの対策」

主催：お茶の水ケアサービス学院
日時：8月2日(金) 14：00～16：00
会場：オンライン
参加費：5,000円(税込)
※お茶の水ケアサービス学院のフォローアップ研修ネット動画配信サービス加入者は無料
問い合わせ：www.o-careservice.com/f-up/index.html

利用者に対する正しい言葉がけを学び 不適切なケアを防ぐ

「ここに座っていて!」「一人で立っちゃダメ!」など、言葉によって利用者の行動を制御するスピーチロック。この何気ない声かけが利用者に身体的・精神的なストレスを与えている。高齢者福祉やケアマネジメントを中心とした研究活動に携わる梅沢佳裕氏が、介護職員が押さえておくべき必須事項として、スピーチロックの考え方と不適切なケアにつなげないための取り組み方を教える。

SEMINAR

介護トップマネジメントセミナー
新時代の介護経営 取り組み実践事例公開セミナー
～2024年介護報酬改定を踏まえて～

主催：株式会社日本経営
日時：8月24日(土) 13：00～17：00
会場：TKPエルガーラホール 会議室中ホール
参加費：無料(※定員120人)
問い合わせ：nkgr.smktg.jp/public/seminar/view/21319

2024年度介護報酬改定はどう影響するか? 専門家が経営戦略や今後の課題を解説

今回の介護報酬改定を踏まえ、第1部では、株式会社日本経営介護福祉コンサルティング部部長・坂佑樹氏が、法人が取り組むべき課題や対策を紹介。第2部では、介護福祉コンサルティング部推進役・齋藤貴也氏が自立支援介護についての基礎知識や実践方法を伝授。第3部では、社会福祉法人正和会理事長・飯田明子氏が事業継続のための人材確保対策の一つとして、海外人材を活かした事業経営のノウハウを教える。

BOOKS

今月のおすすめ〝介護〟本

自身の介護経験で 感じたこととは

介護にマイナスなイメージをもっている人が多いなか、著者は「介護する人の気持ちが前向きであれば何とかなる」と語る。長年の夫の介護をとおしての気づきを、飾り気のない言葉で綴った介護エッセイ。

花開く日々
私が続けている明るい介護とボランティア

著■清水益女
文芸社／定価990円(税込)

介護の 楽しみ方を知る

介護の楽しみ方や魅力ある施設を発信する介護系TikTokerとして活動している著者が、これから介護業界で働く人に向けて、現場での働き方や利用者とのエピソードなどをマンガやイラストで丁寧に解説する。

はじめて働く人もこれから考えている人も
マンガでわかる
介護職1年生

著■ガップリン
サンクチュアリ出版／定価1,595円(税込)

レクのレパートリーを 増やす

介護施設で実際に役立つレクリエーションや認知症予防につながる運動プログラム、利用者への声かけの仕方などを紹介。レクのマンネリ化を防ぎ、利用者にも介護職員にもやさしい一冊。

高齢者が元気になる レクリエーション

著■三瓶あづさ
監■土井剛彦
日本文芸社／定価2,420円(税込)

【『介護ビジョン』主要取扱書店のご案内】

地区名	書店名	連絡先
札幌市中央区	紀伊國屋書店札幌本店	011-231-2131
千代田区	丸善丸の内本店	03-5288-8881
中央区	丸善日本橋店	03-6214-2001
新宿区	紀伊國屋書店新宿本店	03-3354-0131
豊島区	ジュンク堂書店池袋本店	03-5956-6111
横浜市西区	有隣堂横浜駅西口店医学書センター	045-311-6265
横浜市中区	有隣堂伊勢佐木町本店	045-261-1231
川崎市幸区	丸善ラゾーナ川崎店	044-520-1869
習志野市	丸善津田沼店	047-470-8311
大阪市北区	ジュンク堂書店大阪本店	06-4799-1090
大阪市北区	紀伊國屋書店梅田本店	06-6372-5821
広島市西区	神陵文庫広島営業所	082-232-6007
広島市南区	ジュンク堂書店広島駅前店	082-568-3000
福岡市中央区	ジュンク堂書店福岡店	092-738-3322
久留米市	紀伊國屋書店久留米店	0942-45-7170

2024年6月号

【特集】
改定を好機と捉える
介護経営の立脚点

2024年4月号

【第1特集】
共生型サービス
──「介護」「障害」の枠組みを越えて!

2024年2月号

【第1特集】
2024年に飛躍する
介護事業の「ES経営」

2024年7月号

【第1特集】
特別インタビュー
介護の灯を守る

2024年5月号

【第1特集】
医介連携のキーパーソン!
介護の質を上げる 看護師の仕事

2024年3月号

【特集】
やる気も生産性もUP!
職員が変わる「目標設定」

定期購読のご案内

定期購読 選べる2つのコース

『地域介護経営 介護ビジョン』を毎月確実にお求めいただくには定期購読がおすすめです。**富士山マガジンサービス**からお申込みください。

Fujisan.co.jp
雑誌のオンライン書店

❶ 年間購読コース

年間12冊 定価17,160円(本体15,600円+税10%、送料無料)
6冊 定価8,580円(本体7,800円+税10%、送料無料)

❷ 月額払い購読コース

1冊 定価1,430円(本体1,300円+税10%、送料無料)

お支払方法

各種クレジットカード・コンビニ決済・銀行ATM
ネットバンキング・Edy

お申込方法

電話 0120-223-223
インターネット https://fujisan.co.jp/pc/jmp

『地域介護経営 介護ビジョン』の定期購読申込ページには
この**QRコード**からもアクセスできます。

● 個人情報の利用目的について

『地域介護経営 介護ビジョン』編集部では、読者からお預かりした情報は以下の目的で利用させていただくことがあります。
①編集記事作成のための取材 ②アンケート調査の実施 ③プレゼント商品などの発送
④希望者に対する掲載企業・団体からの資料・商品などの発送

● 個人情報の第三者への提供について

『地域介護経営 介護ビジョン』編集部では、利用者本人の承諾がない場合、登録された個人情報を第三者に開示することは、正当な理由がない限りいたしません。ただし、本人の希望により資料・商品などの請求があった場合(プレゼントの当選など)、資料・商品などの提供先の企業・団体に個人情報を提供することがあります。この場合、当編集部では企業・団体などの個人情報の利用に関しては責任を負いかねます。

※(株)日本医療企画・販売業務の委託先である(株)富士山マガジンサービス両社共に目的以外での利用および無断での第三者への開示は一切いたしません。

▼MMPG会員事務所一覧

私たちは、医療・福祉・介護の成長を支援する協働体です。

医療・福祉・介護経営に関するご相談は、下記全国のMMPG会員までお気軽にお問い合わせください。

事務所名	住所	TEL
北海道		
税理士法人池脇会計事務所	北海道札幌市中央区南12条西15-4-3 池脇ビル	011-551-2617
菊地喜久税理士事務所	北海道函館市柏木町40-6	0138-55-3350
東　北		
株式会社近田会計事務所	青森県八戸市根城8-6-11	0178-43-7051
株式会社大沢会計&人事コンサルタンツ	岩手県盛岡市天昌寺町7-25	019-643-3838
税理士法人日本未来経営	秋田県大仙市大曲田町413	0187-63-2959
税理士法人あさひ会計	山形県山形市東原町2-1-27	023-631-6521
あおぞら税理士法人	福島県郡山市安積町日出山3-71	024-944-3644
関信越		
小野瀬公認会計士事務所	茨城県水戸市見和1-299-1	029-257-6222
税理士法人YGP鯨井会計	茨城県つくば市二の宮3-7-5	029-856-8066
税理士法人アミック&パートナーズ	栃木県宇都宮市西川田町928-1	028-908-4411
浅沼みらい税理士法人	栃木県足利市本城2-1901-8	0284-41-1365
税理士法人原澤会計	群馬県高崎市高関町441-9	027-323-3803
税理士法人思惟の樹事務所	群馬県高崎市小八木町2031-4	027-364-5050
島津会計税理士法人	群馬県高崎市昭和町226	027-323-2203
株式会社藤井経営	群馬県伊勢崎市宮子町3220	0270-25-7696
株式会社CWM総合経営研究所	埼玉県さいたま市大宮区桜木町1-10-16 シーノ大宮ノースウィング4F	048-779-8891
MASHUP税理士法人	埼玉県所沢市緑町2-6-5 芝崎ビル101号	04-2928-3470
株式会社江口経営センター	新潟県長岡市宮原3-12-16	0258-35-3146
税理士法人和栗会計事務所	新潟県上越市富岡3446	025-523-8571
税理士法人MACC	長野県長野市鶴賀2141-3 信光ビル	026-232-0255
税理士法人のぞみ	長野県松本市城西2-5-12	0263-32-4737
株式会社浜経営センター	長野県諏訪市諏訪2-14-31	0266-52-3712
東　京		
税理士法人児島会計	千葉県船橋市夏見2-14-1	047-424-1988
有限会社ザ・プランナー	千葉県館山市高井430	0470-24-2913
TOMA税理士法人	東京都千代田区丸の内1-8-3 丸の内トラストタワー3F	03-6266-2555
リッチフィールド税理士法人	東京都千代田区五番町10-7 JBTV五番町ビル3F	03-3262-8511
OAG税理士法人	東京都千代田区五番町6-2 ホーマットホライゾンビル	03-3237-7530
日本クレアス税理士法人 東京本社	東京都千代田区霞が関3-2-5 霞が関ビルディング33F	03-3593-3235
丹羽会計事務所	東京都中央区日本橋本石町3-2-7 常磐ビル10F	03-3548-1161
石井公認会計士事務所	東京都港区虎ノ門5-1-5 メトロシティ神谷町3F	03-5425-7320
税理士法人青木会計	東京都台東区下谷1-6-6 青木会計ビル	03-5828-3900
株式会社川原経営総合センター	東京都品川区北品川4-7-35 御殿山トラストタワー9F	03-5422-7670
石尾公認会計士事務所	東京都目黒区青葉台4-4-1 ライオンズマンション目黒青葉台タウンハウス604	03-3468-1444
税理士法人佐藤事務所	東京都世田谷区等々力5-6-3 トリエール尾山台3F	03-5758-5517
コンパッソ税理士法人	東京都渋谷区道玄坂1-10-5	03-3476-2233
税理士法人総合経営サービス	東京都北区王子2-12-10	03-3912-4417
税理士法人TMS	東京都練馬区氷川台4-47-18	03-5399-9251
税理士法人アイ・パートナーズ	神奈川県横浜市鶴見区鶴見中央2-13-18	045-503-2841
横浜みなとみらい税理士法人	神奈川県横浜市磯子区東町15-32 モンビル横浜根岸301	045-751-2734
株式会社大山会計	神奈川県横浜市港南区港南台9-29-3	045-831-1000
税理士法人八木会計	神奈川県相模原市緑区橋本6-27-2 第一間瀬ビル5F	042-773-9266
税理士法人りんく	神奈川県相模原市中央区共和4-13-5 ディアコートサガミ1F	042-730-7891
株式会社カナメ経営会計	神奈川県平塚市平塚1-9-27	0463-32-8892
株式会社ブレイン・スタッフ	神奈川県小田原市城山3-25-23	0465-24-3311
西迫会計事務所	神奈川県厚木市水引1-9-14	046-221-1328
中　部		
税理士法人TACT高井法博会計事務所	岐阜県岐阜市打越546-2	058-233-3333
NAO税理士法人	岐阜県岐阜市三歳町4-2-10	058-253-5411
税理士法人葵ファースト	静岡県静岡市葵区錦町7-3 インナーコートオフィス3F	054-251-1533
セブンセンス税理士法人	静岡県静岡市駿河区池田3875-92	054-264-3171
税理士法人TARGA	静岡県浜松市中区旅籠町52-2	053-458-1000
株式会社イワサキ経営	静岡県沼津市大岡984-1	055-922-9870
株式会社ケイシーシー経営研究所	静岡県袋井市新屋2-3-30 中央プラザビル2F	0538-42-9051
税理士法人名南経営	愛知県名古屋市中村区名駅1-1-1 JPタワー名古屋33F	052-589-2301
葵総合税理士法人	愛知県名古屋市中区千代田3-14-22	052-331-1768
ミッドランド税理士法人 豊田オフィス	愛知県豊田市三軒町7-63-5	0565-33-1165

事務所名	住所	TEL
北　陸		
税理士法人押田会計	富山県富山市小西116-1	076-452-2555
日本クレアス税理士法人 富山本部	富山県富山市東町1-6-6	076-493-6050
税理士法人木村経営ブレーン	石川県金沢市駅西新町3-4-33	076-260-1666
税理士法人畠経営グループ	石川県金沢市疋田1-33	076-252-6195
税理士法人たすき会	福井県福井市乾徳1-9-5	0776-21-5667
税理士法人 合同経営会計事務所	福井県福井市西開発1-2503-1	0776-57-2370
橋本佳和税理士事務所	福井県敦賀市木崎23-12-2	0770-23-0215
近　畿		
京都紫明税理士法人	京都府京都市北区小山西花池町6-10 からすま清水ビル	075-432-4377
ひろせ税理士法人	京都府京都市上京区主税町827	075-801-6331
税理士法人総合経営	京都府京都市中京区烏丸通二条下る秋野々町529 ヒロセビル9F	075-256-1200
新経営サービス 清水税理士法人	京都府京都市下京区河原町通五条上る御影堂前町843	075-343-0870
アイネックス税理士法人	京都府京都市下京区烏丸通四条下る水銀屋町620 COCON烏丸5F	075-353-7077
アイマーク税理士法人	京都府京都市山科区勧修寺平田町2	075-594-7300
米本合同税理士法人 大阪事務所	大阪府大阪市北区大深町3-1 グランドフロント大阪タワーB14F	06-6375-7125
日本クレアス税理士法人 大阪本部	大阪府大阪市中央区道修町1-7-10 扶桑道修町ビル3F	06-6222-0030
株式会社メディカルアセッツ	大阪府大阪市中央区平野町3-3-7 ニューライフ平野町102	06-6206-5510
ウィズアップ税理士法人	大阪府大阪市中央区島之内1-22-20 堺筋ビルディング3F	06-6281-0361
日本経営ウィル税理士法人	大阪府豊中市寺内2-13-3 日本経営ビル	06-6686-1196
Apro's税理士法人	大阪府枚方市大垣内町3-9-20	072-861-1900
税理士法人 芦田合同会計事務所	兵庫県神戸市中央区江戸町85-1 ベイウィング神戸ビル14F	078-393-2150
税理士法人稲田会計 姫路事務所	兵庫県姫路市豊沢町135 姫路大同生命ビル8F	079-285-0850
税理士法人森田会計事務所	奈良県奈良市油阪町456 第2森田ビル4F	0742-22-3578
税理士法人風神会計事務所	和歌山県和歌山市黒田1-1-19 阪和第一ビル6F	073-471-9898
中　国		
株式会社ヨネカワ	鳥取県米子市旗ヶ崎3-15-21	0859-22-9632
税理士法人おかやま創研	岡山県岡山市北区西古松2-24-5 YMビル	086-244-3456
株式会社ユアーズブレーン	広島県広島市中区国泰寺町1-3-29 デルタビル3F	082-243-7331
税理士法人長谷川会計	広島県広島市西区庚午中2-11-1	082-272-5868
田村税理士事務所	山口県周南市秋月1-7-50	0834-28-5400
四　国		
税理士法人マスエージェント	徳島県徳島市春日2-3-33	088-632-6228
税理士法人すばる会計	徳島県徳島市中洲町1-45-3 すばるビル2F	088-622-6767
税理士法人多田羅会計事務所	香川県高松市木太町5040-13	087-866-8800
みどり合同税理士法人	香川県高松市栗林町1-18-30	087-834-0081
税理士法人 和田タックスプレイン	愛媛県松山市湊町1-1-29	089-932-1188
有限会社カギヤマ会計センター	高知県高知市大川筋2-8-1	088-872-1984
九　州		
株式会社佐々木総研	福岡県北九州市八幡東区石坪町10-13	093-651-5533
九州総合会計株式会社	福岡県北九州市八幡西区森下町27-28	093-642-7525
川庄公認会計士事務所	福岡県福岡市中央区白金1-4-10 SUNSHINE C-PAK	092-524-6556
篠原・植田税理士法人	福岡県福岡市中央区警固2-12-5	092-751-1605
税理士法人春畑会計	福岡県福岡市南区横手1-13-2	092-585-6865
税理士法人諸井会計	佐賀県佐賀市木原2-6-5	0952-23-5106
税理士法人アップパートナーズ 佐賀伊万里オフィス	佐賀県伊万里市二里町大里乙1766-4	0955-23-6712
株式会社内田会計事務所	長崎県長崎市曙町4-9	095-861-2054
税理士法人村田経理事務所	長崎県佐世保市城山町2-4	095-623-8201
株式会社碓井経営センター	熊本県熊本市中央区国府4-3-15	096-371-1131
東秀優税理士事務所	熊本県熊本市中央区水前寺1-21-47	096-383-3600
イデア総研税理士法人	大分県大分市王子北町5-8 フレスポ春日浦F棟202	097-529-5757
有限会社マネジメント・ケイ	宮崎県延岡市浜砂2-21-9	0982-35-7755
前原税理士事務所	宮崎県小林市細野356-1	0984-22-5161
島元経営株式会社	鹿児島県鹿児島市紫原4-21-11	099-253-9311
株式会社吉田経営	鹿児島県鹿児島市祇園之洲町5	099-247-5655
税理士法人上川路会計	鹿児島県鹿児島市下荒田4-1-9	099-252-7070
キムタカ税理士法人	沖縄県那覇市真嘉比1-1-1 レキオスおもろまち駅前ビル6F	098-882-1962

介護小説

もうひとつの世界 ～それぞれの、その人～

この物語は、介護でのさまざまな場面を「その人の世界（利用者やケアスタッフなど）」と「もうひとつの世界（その人を取り巻く人たち）」の視点から描いたフィクションです

第28回 アメイジング

阿部敦子

画／よしだみほ

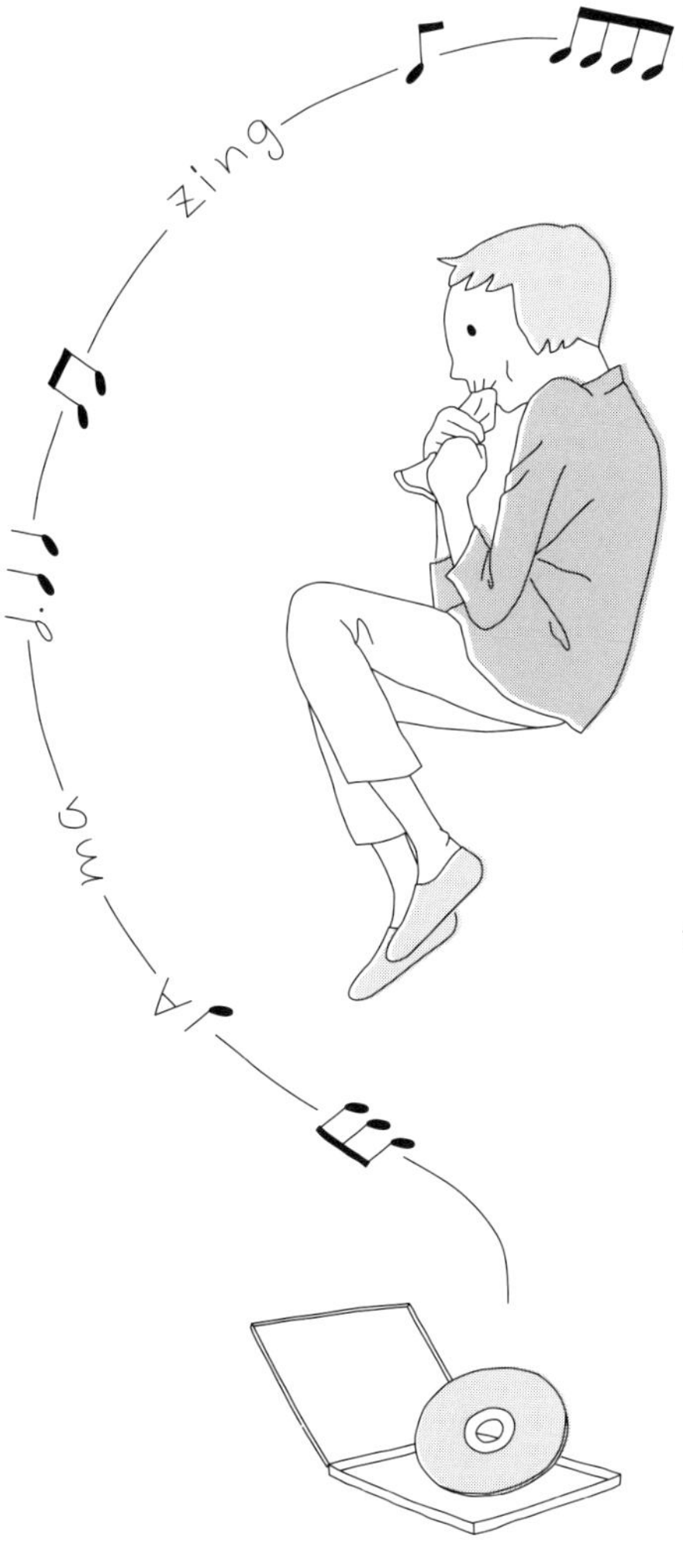

あべ・あつこ●作家。介護福祉士、認知症ケア専門士、介護支援専門員、相模原市認知症介護指導者。介護現場に携わった経験をベースに、2015年「認知症オンライン」（現在は閉鎖）で本作品の原形となる『その人の世界』連載を開始。作家活動を続けながら、介護の仕事も継続中。著書に、認知症介護小説『ひだまり』（電子書籍／ソクラー・テクノス社）『要恋慕度5』（電子書籍／幻冬舎ルネッサンス新社）など

その人の世界

「では行ってきまぁす」

ワゴン車のドアを閉め、後部座席の窓から会釈する。門扉の前ではすでに高齢の娘さんがお辞儀をしていた。

「改めまして、おはようございます」

出発した車内で振り返ると、私は車椅子の上で揺られている佐奈子さんを見た。

「今日は体調がいいそうですね」

佐奈子さんは右手の指先を舐め、私の方を見ようとはしない。

「久しぶりによく晴れましたね。外では赤い花がきれいに咲いてますよ」

指先を舐めながら、佐奈子さんはぶつぶつと言葉にならない何かを呟いている。赤い花にも車窓の外にもまるで関心はなさそうで、私の声が届いているのかどうかも定かではない。

「おつかれさまでした。横になりますよ」

到着してベッドに移ると、佐奈子さんはすぐさまゴロンと横を向いて身体を丸める。自分から横を向く佐奈子さんに対して、スタッフたちの思考は停止している。本人が自ら望んだ姿勢なのだからそれでいい、あるいはその姿勢で固まってしまっているのだから仕方ない、だいたいそんなところだろう。

「少し休みましょうね」

タオルケットを胸までかけると、佐奈子さんがその端をつまんで口に入れた。

「忘れてた」

佐奈子さんのトートバッグからハンドタオルを取り出し、彼女に手渡す。タオルケットの端が唾液でびしょ濡れにならないよう、横になる時はタオルを握ってもらうことになっている。バッグの中にはタオルを数枚、娘さんが入れてくれていた。タオルを受け取った佐奈子さんは、当たり前のようにそれを口に入れた。

「美味しそうにしゃぶりますね……」

デイサービスに来ると、帰宅までのほとんどの時間を佐奈子さんはこの姿で過ごす。彼女にとってデイサービスを利用する意味は何だろう。そんなことを半年前、この職場に入った頃の私はよく考えていた。

「今でも、かな」

それでも以前ほどは考えなくなった。デイサービスに行きたくないと本人が言うわけでもないし、彼女だけが利用者ではない。レクリエーションの内容や行事の予定を考える時は、どうしても彼女の過ごし方については後回しになった。

「まあ、この方の一番の目的は入浴だからね」

管理者に言われ、一度は納得した。確かに、娘さんが自宅で入浴させることは難しい。とは言え、訪問入浴という手段もある。

「あとは家族のレスパイトだよ」

「ああ……」

そうだよな、と思う。同時に、そうかな、と思う。

佐奈子さんがデイサービスを利用している間、高齢の娘さんは自分の時間を持てる。介護のことを考えず、自由に過ごせる。

「本当に？」

デイサービスの利用日、娘さんは早起きをする。

「それだけでも大変」

佐奈子さんを送り出したら朝ごはんを食べ、ほっとしてウトウトしてしまう。昼近くになって慌てて買い物に出かけ、夕飯のことを考える。午後になると、すでに佐奈子さんの帰りの時間が気になっている。佐奈子さんの体調が優れない時はデイサービスから電話がかかってくることもある。またかかってくるかもしれないと思いながら夕飯の準備をし、すぐに食べられるようにしておく。

「私だったら」

落ち着かず、レスパイトにならないかもしれない。体調によっては入浴できない日もあり、管理者の言う〝一番の目的〟が果たせないこともある。

「まあ、それでも」

一人で介護を抱え込む閉塞感からは解放されるのかもしれない。大変さをわかってくれる人がいて、自分が体調を崩したら頼れる場所があることは、安心感につながっているとも言える。

「さてさて」

トートバッグをカートに乗せようとして、脇のポケットの違和感に気付く。

「なんか入ってる」

何やらポケットの中で角ばっているものがある。

チャック付きのポケットで、これまで開けたことがなかった。

「CDだ」

取り出してみると、そのタイトルは『アメイジング グレイス』だった。多くの人に歌われたに違いないその曲は、ヘイリーという女性歌手のものとしてここに存在している。

「ああ、それね」

先輩スタッフによると、かつて娘さんが入れたものらしい。

「でも佐奈子さん、何も反応しなかったよ」

「かけてみてもいいですか」

「いや、もう本人わかんないでしょ」

「そうですかね……」

この言い方では何度もかけたとは思えなかった。娘さんの手前、一度はかけてみたものの、本人に反応がなくそのままになっているのだろう。ポケットのチャックもそう言いたそうに口を開いていた。

「やってみるか」

昼休憩の時間にクローゼットからありったけの座布団とクッションを集めてくると、私は佐奈子さんを仰向けにしてそれらを身体に当てた。身体を真っすぐにさせて歪みを取り、首から足裏までひとつひとつ丁寧に当てていく。

「これでどうかな」

上を向いて寝ている佐奈子さんは、これまでよりずっと優しい表情をしていた。横を向きたいような仕草もなく、だらりと両手を胸の上に載せている。

「何してるの」

隣に立った看護師が佐奈子さんを見下ろした。

「佐奈子さんのCDをかけたくて、でもその前に楽に聴ける姿勢になれるか試してみたかったんです」

「いいじゃん。すごく楽そう」

「ほんとですか」

「うん。みんなにも教えてあげて」

「そんな、私ごときが」

「関係ないよ。いいことはやった方がいい。私が言ってあげる」

ありがとうございます、と声が弾む。いつの間にか、佐奈子さんは両手を組んでいる。

「そして、っと」

CDプレイヤーを持ってくると、私は佐奈子さんの枕元に置いた。トートバッグから『アメイジング グレイス』を取り出し、小さく流してみる。

「わあ……」

ヘイリーの声があまりにも美しい。その天使の梯子のような声に、私は佐奈子さんの隣で時間を忘れた。こんな休憩時間の過ごし方も悪くない。

「あ」

佐奈子さんがふと、天井を見上げた。これまで見たことのない、力強い瞳だった。

「聴いてる……?」

そう思ったのは数秒で、すぐに佐奈子さんは瞼を閉じた。

「気のせいか」

いや、わからない。自己満足かもしれないけれど、あの数秒に佐奈子さんの真実があったと思いたかった。その真実は本人にしかわからない。それでも、否定してしまったら、この私こそが思考停止するかもしれなかった。

「ちょっと悪いんだけど」

帰りの送迎前、管理者が私を呼び止めた。

「佐奈子さんの娘さんから連絡があって、腰を痛めちゃったんだって。今日だけベッドの上までお願いしたいの」

自宅に到着すると、管理者に言われたように佐奈子さんの寝室に入る。

「ただいま帰りました」

すみません、と娘さんが前かがみで現れる。

「お気になさらず」

佐奈子さんをベッドに移し、布団をかける。

「お大事になさってください。失礼します」

言いながら、ベッド脇の棚が目に入る。

「これは……」

写真立てだった。フレームに収まっているのはおそらくご主人に違いない男性と、若かりし頃の佐奈子さんだった。その穏やかで満ち足りたような笑顔に釘付けになる。

「今日、『アメイジング グレイス』をかけてみました。またかけてみます」

最後にそれだけ言って、私は部屋を後にした。

もうひとつの世界

「いけませんよ、佐奈子さん」

口元から離したティーカップをソーサーに置き、母は私を見上げた。その脇にいた私は、棒立ちのまま相手の顔を見た。

「なぜいけないの」

当たり前じゃないの、と母は鼻で息を吐いた。

「これまでも言ってきたはずです。あなたは女学校を出たら嫁ぐんですから、学問は必要ありません」

「だからこそ学びたいの。お母さまの言うことが本当なのかどうかを確かめるために」

「なんですって」

「私、外国のことを学びたい。どんな文化や言語があるのか、どんな人たちがいるのか。女学校を出たら嫁ぐということが本当に当たり前なのかどうか」

「女性はみんな、嫁いで幸せになるのよ。あなたにだって、卒業してからの縁談が来ています。このうえないお相手と一緒になって、安心して子どもが産めるのよ。こんな幸せはないわ」

「このうえないお相手？」

「そのうちわかります」

これ以上はやめましょう、とティーセットを手にした母が立ち上がった。

「お母さまが幸せそうには、私には見えない」

私の低い声に、母の肩が微かに揺れた。

「私はじゅうぶん、幸せですよ」

言いながら母は、台所に姿を消した。

＊

墓場を決めるような気持ちだった。

「佐奈子さん、お手洗いは済ませたの？」

「はい」

「そうしたらもうお着替えをなさい」

すでに着物に着替えた母がせわしなく家の中を行き来する。お見合いの日が来てしまった。

「お父さま」

父が床の間の前であぐらをかき、新聞を広げている。私はその前で正座をした。

「私、お見合いに行きたくありません。大学に、行かせて頂けないでしょうか」

しばしの沈黙の後、父が新聞を膝に下ろして私に顔を向けた。

「それは前にも聞いたな」

「はい」

「それならもうわかっているだろう」

いいえ、と目を見開く。

「納得したわけではありません」

表情ひとつ変えず、父は新聞を畳んだ。

「私は仕事でほとんど家にいないから、おまえのことはお母さまに任せきりにしてきた。おまえの嫁入りは、お母さまがかねてから熱望していたものだ」

「任せきりにしてきたから、私にはお母さまの言いなりになれというの」

「お母さまは実家の事業がうまくいかず、親の決めた縁談で私と結婚した。望んだ結婚ではなかったかもしれないが、居場所が安定するということの価値を知っているんだろう」

「だからって、私にもその価値観を押しつけるのは違うと思います」

ならば、と父はまっすぐに私を見た。

「大学に行きたいと親に言える娘が、おまえの学校にはどれだけいる」

はっ、と顔を上げた私に、表情を変えないまま父は続けた。

「思い通りにならないことを、おまえは不満に思っている。しかしその前に、大学に行かせてくれと言えることがどれほど恵まれているか」

それを、と言って父は静かにひとつ息をした。

「おまえは知る必要がある」

言葉に詰まり、ひくりとも動くことができない。

「私たちの時代は、家のために結婚をした。親の決めた縁談で、挙式の当日に初めて相手と顔を合わせることも珍しくなかった。おまえが今日行くのは、見合いだ。どういうことだかわかるか」

「それは……」

つまり、と父が私と視線を合わせる。

「選べる、ということだ」

あ、と小さく声がもれる。父が言った。

「嫌なら断ればいい」

それが父の愛情を私が初めて感じた瞬間だった。

老舗の料亭の一室でお見合いは始まり、私は相手の男性と向かい合った。お決まりのようにふたりで庭でも見てくるよう促される。私たちは池の前で並んで立ち、朱色の鯉が身体をくねらせながら泳ぐのを見下ろした。何も話すつもりはなかった。話したいことはなかったし、つまらない女だと思われるほうが都合が良かった。

「佐奈子さん、とお呼びしていいですか」

相手が言った。ひょろりと長身で愛想の良い男性だった。

「僕のことは、総助と呼んでください」

私はただ、鯉を眺めていた。ふむ、と顎に手をやった相手が呟く。

「見合いなんて、くだらない」

え？ とその顔を見上げる。相手が高らかに笑い声を上げた。

「そう言いたそうな顔をしていましたよ」

あの、と私は相手に向き直った。

「私、結婚したくないんです」

「ほう、それはどうして」

「大学に行きたいんです。大学に行って、もっといろんな世界を知りたいんです」

「なるほど」

「親の決めた結婚なんてしたくないんです。私は自分の幸せは自分で選んで決めたいんです」

ふむ、と言って、相手も私に身体を向けた。

「まあ、いろんな世界を知るには大学だけがすべてではないですけどね」

「そうでしょうか」

「はい。ちなみに僕は大学に行きましたけど、外国の言葉は実際に外国で学びましたよ」

「えっ」

「その国の文化も、信仰も、気質も、価値観も、自分の目で見て、考えて、学びました。本物に敵うものはありません」

鞭で頬を打たれたような衝撃だった。母のことを凝り固まっていると思っていた私が、実は誰よりも凝り固まっていたのかもしれなかった。

「自分のやりたいことを持っている女性は素敵です。だから、両方手に入れてみてはどうでしょう」

「はい？」

鯉の尾ひれが水面で跳ねた。波打つ水際を眺めながら、私は相手の言葉を脳内で反復していた。

「両方とは」

わかりづらかったですかね、と相手が苦笑する。

「結婚して、大学も行けばいいじゃないですか。あるいは大学でなくても、もっと学びたいことが見つかるかもしれないし」

「いったい何を」

「何かを手に入れる代わりに何かを諦める必要はない、という考え方はどうですか。もっと欲張って、どちらも選び取っていい。少なくとも僕は、自分と一緒になる人にはそうであってほしいですね」

「はあ……」

はは、と笑顔をつくり、相手は顔を掻いた。

「僕ね、これまで親に言われて何度も見合いしては断り続けてきたんです」

「そうなんですか」

「はい。でもようやく、断らなくて済みそうです」

足元の小石を拾い、相手が池に落とした。餌だと思ったのか、金や白の鯉が私たちの足元に近寄って口を開けた。

「僕で良ければですけどね。佐奈子さんにとって」

気づけば、私も鯉のように口を開いていた。

＊

総助さん。

思えば、出逢った時からあなたはヘラヘラしていましたね。

気の強い私はいつもあなたに突っかかって、ずいぶんと生意気な口をききました。あなたが優しいのをいいことに、気に入らないことや納得のいかないことを真正面から訴えていましたね。ときどき、さすがのあなたでも苛立つことがあって、たまに喧嘩もしましたね。

中でも、あなたの友人が酔っ払って私の肩を抱いた時のことはよく憶えています。あんなにカンカンに怒ったあなたを見たのは、後にも先にもあの時だけでした。初めは友人に怒鳴っていたのに、それをかばった私に怒り出して大喧嘩になりましたよね。

喧嘩になるといつも、あなたのことなんか大っ嫌いと思っていました。こんなに頑固な人だったなんて、と幻滅もしたのです。

それでもやっぱり、好きでした。どんなに嫌いだと思っても、最後にはぜんぶ、大好きでした。

ほら、『アメイジンググレイス』が流れていますよ。ふたりでよく聴きましたね。

まさに、あなたとの出逢いはアメイジングでした。あなたに出逢えて、私は本当に幸せでした。

私で良ければ、また出逢ってくださいね。きっともうすぐ、私もそちらに行きますので。

編集後記

●人材定着のキーワードとして必ず出てくる「風通し」。多くの人が平易に納得できる〝風通し指数〟の公式でもあれば、手をつけるべきところも明確になって、とても助かるのだが。不快指数、暑さ指数が急上昇している。快適に過ごせる要素を探し出し、乗り切っていきたい。（沖村）

●6月は作品展に映画鑑賞に舞台鑑賞（3本）と、〝インプット〟が多い月だった。取り込んだのなら何か誌面づくりに還元させたいのだが、どう活かせばいいのやら。そういや、舞台はどれも〝観客参加型〟の演出が印象的だった。なるほど、〝読者参加型〟か。……どうするんだ？（淺田）

●最近見た映像作品で、障害のある人が「助けてくれてありがとう。でも、できることを取らないで」とさらっと言うシーンが印象に残りました。助けた側も無意識の行動だったようで「あっそうだね」と返して会話は終了。ほんの数秒のシーンでしたが、大切なやりとりであり、介護にも通じるなと思いました。（佐藤）

●母がショートステイを利用。お昼を食べようと迎えに行くとメガネに大きく名前のシール。言葉が出ない。後から聞くと持ち物に名前を記すよう言われ家族がしたという。え!? うそ!! 若い職員はそれが〝老人の姿〟だと刷り込まれるのか？ センスって大事。（髙橋）

●ヤックスケアサービスのショッピングリハビリはとても魅力的だと思いました。身近で介護について悩んでいる人がいたら紹介したい事業所です。薬剤師や管理栄養士が私生活での相談にものってくれるところはなかなかないと思います。（酒井）

地域介護経営 Care Vision 2024. August No.254

介護ビジョン 8

令和6年7月20日発行（毎月20日発行）
定価：1,430円（本体1,300円＋税10%）

■発行所　株式会社日本医療企画
■発行人　林　諄
●本　社　〒104-0032
東京都中央区八丁堀3-20-5　S-GATE八丁堀
電話（代表）　03-3553-2861
（編集部）　03-3553-2864
FAX　03-3553-2866
（販売・広告）　03-3553-2885
FAX　03-3553-2886
●営業推進本部　〒104-0032
東京都中央区八丁堀3-20-5　S-GATE八丁堀
電話　03-3553-2885
FAX　03-3553-2886
●北海道支社　〒060-0061
北海道札幌市中央区南1条西6-15-1
札幌あおばビル201
電話　011-223-5125
FAX　011-223-5126
●東北支社　〒980-0014
宮城県仙台市青葉区本町2-5-1　オーク仙台ビル7階
電話　022-281-8536
FAX　022-281-8537
●北信越支社　〒920-0024
石川県金沢市西念4-18-40　N・Yビル305号
電話　076-231-7791
FAX　076-231-7795
●中部支社　〒460-0008
愛知県名古屋市中区栄2-12-12
アーク栄白川パークビル3階
電話　052-209-5451
FAX　052-209-5452
●関西支社　〒541-0046
大阪府大阪市中央区平野町1-7-3　吉田ビル4階
電話　06-7660-1761
FAX　06-7660-1763
●九州支社　〒812-0016
福岡県福岡市博多区博多駅南1-3-6
第3博多偕成ビル503
電話　092-418-2828
FAX　092-418-2821

■編集委員
太田秀樹　医療法人アスムス理事長
瀬戸恒彦　公益社団法人かながわ福祉サービス振興会理事長
水巻中正　国際医療福祉大学・大学院教授
安岡厚子　NPO法人サポートハウス年輪代表理事長
（50音順）

●編集長　沖村和洋
●編集スタッフ　淺田佑奈・工藤澄人・佐藤千華
髙橋由美子・酒井野愛
●デザイン　能登谷勇・新井田仁哉
●写　真　関口宏紀
●制作・進行　秋田毅英・酒見直樹
●営業・広告　阿達勝則
●データ・顧客管理部　谷　浩弥・仁田尾　聡・栗田和子
●北海道支社　横尾ゆうこ・芦崎和航・三池杏佳
●東北支社　三浦達哉・大友　香
●北信越支社　長谷川有二・若松直美・森田雅美
●中部支社　吉野直人・後藤香織・原　正英
●関西支社　吉本泰峰・喜津木順子・西田朱美・谷田川　惣
●九州支社　白水和俊・杉安尚子・上津原唯圭・中野美穂

■印刷・製本　TOPPANクロレ株式会社

次号予告●9月号（2024年8月20日発行）

第1特集　うまくいく・いかないの分岐点

医療から見る「医介連携」（仮）

介護事業者にとって大きな課題であり続ける「医介連携」。日常のトップ同士の付き合い、コミュニケーションが大切と言われるが、現場でも連携に必要な土台を普段から整えておく必要がある。医療サイドからの視点も交えながら、円滑に連携を進めるために必要な体制・環境づくり、現場の意識醸成などを改めて考える。

皆さまの声をお聞かせください。

『地域介護経営 介護ビジョン』をご購読下さり、誠にありがとうございます。お読みになったご感想や今後取り上げてほしいテーマなど、皆さまのご意見をお聞かせください。今後の編集の参考にさせていただきます。**E-mail**：**kaigo@jmp.co.jp**（編集部専用）もしくは弊社HP（**https://www.jmp.co.jp**）お問い合わせフォームまで。

編集部公式 **Facebook** 更新中!! ➡ https://www.facebook.com/kaigovision もしくは「介護ビジョン編集部」で検索！

編集部公式 **X** がリニューアルしました！ ➡ @JMP_kaigovision もしくは「介護ビジョン編集部」で検索！